JN059505

本気の製造業！

吉川武文 著

価格高騰と戦い生産性を高める「管理会計」

持続可能な経営を支えるヒント50

日刊工業新聞社

はじめに

・サステナビリティ＝21世紀を生き抜く！

本当のサステナビリティ（持続可能性）は、
「地球環境にやさしい」という意味ではありません。
それは、「続かない」という意味です。
それは、「生き残れない」という意味です。

価格高騰や円安で、生きるか死ぬかの瀬戸際だからこそ

> ✓ 本当に無駄のない経営
> ✓ 本当に生産性の高い経営
> ✓ 結果として環境負荷も小さい経営、を実現し

2050年にも必要とされる良いビジネスを創り上げ、
厳しい資源争奪の時代を生き抜かなければなりません。
それが本当の「持続可能な経営」です。

「地球環境のため」ではキレイごと。真剣さが足りません！
厳しい今だからこそ、本気で目指す「環境と経済（くらし）」の持続。
その持続可能な経営（サステナブルな経営）を目指す時、
本書の「戦う会計」が絶対に必要になります。

・戦闘準備！　2022年は始まりにすぎない

昨年までは、脱炭素～サステナビリティ～SDGs が話題でした。

「乗り遅れちゃいけない！」

とは思いつつ、昨今の物価高やサプライチェーン途絶といった厳しさの中で、

「そんなことやってられない！」

とも思います。そもそも「なぜそれを目指すのか？」「具体的に何をすべき
か？」など疑問を感じるケースも少なくなかったのではないでしょうか。実は
（！）、従来の脱炭素～サステナビリティ～SDGs には重大な誤解がありました。
それは「これらは地球環境のためのもの」という誤解です。そこには、経済と

環境の対立という 20 世紀的な感覚がありました。しかし 21 世紀を生き抜くには、経済と環境でバラバラだった活動を統合し「本気」で生き残りを目指さなければなりません。おそらく現状のビジネスそのままの延長には答えはなく、最終的には会社や会計の形が変わるほどの変化になるでしょう。それが本当の「本気」です！

　ぜひ世界を見渡してみて下さい。かつての発展途上国は著しく経済発展し、人口爆発も起きています。石油・石炭・ガス・ウランをはじめとする資源の激しい争奪が始まりました。世界は資源国の横暴や戦争に振り回されています。そんな時代に私たちが目指すべき本当の目標とは、

> ★資源のムダを真に排除し、入手難や価格高騰に備えること
> ★生産性の回復に向かって全力集中し、21 世紀を生き抜くこと

です。結果として CO_2 の排出は削減され、環境負荷も軽減されていきます。

> それが本当のサステナビリティ（生きるか／死ぬか）なのです

　サステナビリティの本質は環境問題ではありません。経済が厳しいからやらないのではなく、経済が厳しいからこそ全力で取り組むべきなのが 21 世紀のサステナブル経営。本書では、その実現に必要な道筋を概説いたします。

吉川武文／公認会計士

(注)「戦う会計」について
　本書の「戦う会計」とは、「原材料やエネルギーなどの価格高騰と戦うための新しい管理会計（手法）」のことです。実は従来の会計（財務会計や管理会計）は、すでに過去のものとなっており、21 世紀の問題解決に役立たなくなっていました。有効な会計が存在しないという恐るべき現実が、日本の 30 年の停滞の原因でもあったのです。そこで本書では会計本来のあるべき姿（事実を正しく伝える）に立ち帰り、固定観念に捉われない新しい会計の形を示しています。本書のディスカッションが 21 世紀を生き抜くために必要な会計刷新の起点になることを心から願っています。

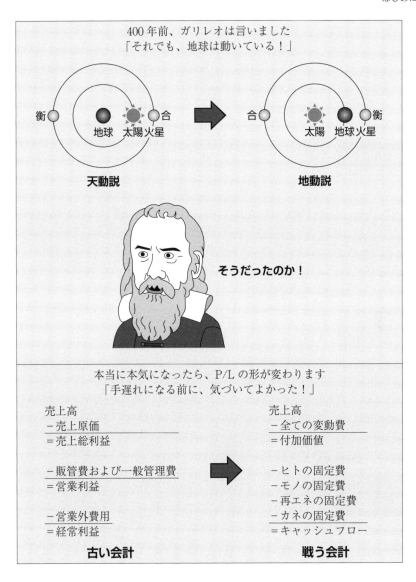

400年前、ガリレオは言いました
「それでも、地球は動いている！」

衡　○──　　●　　☀○合
　　　　地球　太陽火星

合○　　☀　　●　　○衡
　　　太陽　地球　火星

天動説　　　　　　　　　　地動説

そうだったのか！

本当に本気になったら、P/Lの形が変わります
「手遅れになる前に、気づいてよかった！」

売上高
　−売上原価
　＝売上総利益

　−販管費および一般管理費
　＝営業利益

　−営業外費用
　＝経常利益

古い会計

売上高
　−全ての変動費
　＝付加価値

　−ヒトの固定費
　−モノの固定費
　−再エネの固定費
　−カネの固定費
　＝キャッシュフロー

戦う会計

目次

第5合目　ゼロ在庫の時代は終わった！ 本当の在庫管理ができる会計の形　89

第6合目　生産性がサステナビリティの鍵！ 生産性が向上する会計の形　111

第7合目　イノベーションが足りない！ 人材育成に取り組む会計の形　133

第8合目　CO_2と光熱費を減らさなきゃ！ 脱炭素を目指す会計の形　155

| 第9合目 | サステナブルな経営で実現する！
新しい会社の形 | 177 |

| 第10合目 | 明日を予測して備える！
それが経営というものでしょ？ | 201 |

物価高騰・円安・入手困難

本気でやってますか？

①有効な会計の構築
②その会計で経営課題を可視化
③本当に必要な活動に集中する
④イノベーションを起こす！

第1合目

誤解されたサステナビリティ！
本当は「生きるか死ぬか」の問題

　ほんの少し前まで日本は「技術立国」「日本品質」と言われましたが、多くの検査不正でそれが見せかけのものだったことがわかりました。やってもやってもコストが下がらず、誰より頑張っているはずだった生産性もまた先進国最下位になってしまっていたのです。ふと見回せば、日本は何事にも本気で取り組めない

「見せかけだけの活動の国」

になっていました。今またサステナブルな経営を「見せかけ」のサステナビリティにしてはいけません。本当のサステビリティ（持続可能性）とは、決して地球環境のため（だけ）にやるものではありません。それは本来、私たちの「生きるか死ぬか」を問うものです。今度こそ本気になって、力強くサステナブルな社会や事業を作りあげ

21世紀を生き抜きましょう。

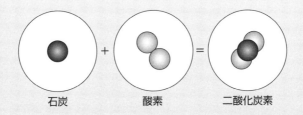

石炭　　　　　　酸素　　　　　二酸化炭素

2050年をどう生き抜くか？　それがサステナビリティ

昨今、流行語のように軽く語られるサステナビリティ（持続可能性）。今、改めて持続可能性がことさらに問われるに至った事業環境の深刻さについて考えてみて下さい。物価高騰、戦争、異常気象…、この深刻な状況をどう生き抜くかが、サステナビリティというテーマの本質です。

▶▶もうやっていられない！

昨年までは、地球に優しいSDGs（サステナビリティ）が大流行でした。「当社もやらなきゃ！」とは思いつつ、この厳しい物価高騰や円安の中で「やってられない」というお話も伺います。では、なぜSDGsだったのでしょうか？顧みれば、今まで私たちは様々な流行に振り回されてきました。日々のコストダウンや生産性向上だけでも手一杯なのに、

✔気候変動や異常気象で、新しいBCPを作れと言われた！
✔ISOの審査があるのに、検査不正対応もしなければ！
✔DXで、ペーパーレス化をしろと言われた！　などなどなど……

「その上、今度はSDGsや脱炭素だなんて、もうたくさん！」そんな悲鳴が上がりましたが、こういう感覚は、実はおかしかったのです。いろいろ大変だったのは全てを表面的にやっていたから。本当は、全ての活動がたった1つの目標に集約されなければなりません。「21世紀を生き抜くこと」それを真のサステナビリティと呼びます。

▶▶サステナビリティへの呑気な誤解

高度成長期の公害対策の経験から、日本では「環境と経済は対立する」と認識されてきました。その結果、「サステナビリティ（持続可能性）＝地球に優しい」と受けとめられていますが、それは誤りです。21世紀に問われているサステナビリティは「環境と経済（くらし）の両立」です。そしてその本質は、今のままでは「続かない」「生き残れない」ということにあります。なぜなら、

全ての化石燃料が急速に枯渇に向かっているからです

石油・石炭・ガス・ウラン全体の可採年数は約80年ですが、それはゼロ成長での計算。世界の人口爆発や経済成長を考えれば、可採年数は40年くらい

（2060年頃に全て枯渇）。資源国の横暴は強まり、資源取引は一方的な売り手市場となっていきます。サステナビリティ（SDGsや脱炭素）とは、小手先の省エネやリサイクルで満足することではありません。全ての化石燃料が使えなくなる時代（プラスチックや食料すら輸入できない時代！）に向かって、

> ✔どうやって原材料の価格高騰や入手難と戦うか？
> ✔どうやって真の生産性向上を実現するか？
> ✔どうやって価値ある事業にシフトしていくか？
> ✔どうやって人を育て、イノベーションを起こすか？
> ✔どうやって従業員の暮らしを守っていくか？

という壮大な取り組みなのです。「地球に優しい」ではなく、生きるか死ぬかの大問題なのだということを、まずはしっかり認識しましょう。

　サステナビリティへの正しい認識は重要です。なぜなら、「地球に優しい」と考えると「事業が厳しければ後回し」となりがちですが、「生きか死ぬか」と考えれば「事業が厳しいから全力で」となるからです。そしてその根幹は脱炭素への取り組みです。結果として事業競争力は高まり、環境負荷も軽減されます。別段、新しい何かを始めるわけではありません。ただ1つだけ、今までと決定的な違いがあるとすれば、それは「本気でやる」ということです。

▶▶日本を蝕んでいた深刻な「見せかけだけの活動病」

　今、日本は深刻な「見せかけだけの活動」病に罹っています。やってもやってもコストが下がらない「コストダウン」、日本を先進国最下位の生産性にした「生産性向上」、期末だけ・見かけだけ在庫を減らす「在庫削減」、日本中で検査不正が止まらない「品質」、コストで結果を検証しなかった「カイゼン」。最近では、なかなか経営改善につながらない「DX」。多くの活動が見かけだけに留まってしまっている。そんな活動こそ「本当のムダ」だということを、製造業に従事する皆さんはしっかり認識すべきです。

> ✔重要なことだと思わないなら、活動を止める
> ✔本気でやらないなら、活動を止める　　　　　当たり前なのに
> ✔本当に大切な活動だと思うなら、本気でやる　できていないこと
> ✔本気でやるなら、結果をきちんと見届ける

そして、日本をこんな状況にしてしまった最大の原因は、実は「**会計や簿記が見せかけ**」だったことでした。これではやるべきことが見えなくて当然です。

どうして誰も「困ります」と言わなかったのでしょうか？　これではサステナビリティなど絶対に達成できません。21世紀を生き抜けない。ではどうするべきか？　まず会計を再生してください！　それが全ての出発点です

▶▶リスクを評価し備えることは、経営としての当然の所作

経営は、将来の事象について予想を立て、リスクの有無を1つひとつ判断しなければなりません。判断したら、それに沿って行動計画を組み立てなければなりません。もちろん会計を使って！　それは従来のBCPのように誰かに強いられて渋々やることではなく、経営としての当然の所作です。※1

「当社はリスクがないと考えるので、何も対策しません」
「当社はリスクがあると考えるので、〇〇の対策を実施します」

どちらの結論もありです。もちろん状況が変化すれば、いったん出した結論を変更することだってありえます。経営として最悪の対応は、結論を先送りにして何も行動しないことでしょう。

それはもはや経営ですらありません

（※1）新たなBCP（付け焼刃のBCP）を作れという意味ではありません！

▶▶リスク評価の軸は P/L（損益計算書）

様々な事象のリスクを評価するにあたり、どんな判断軸で評価を行ったらよいか困るケースがあるかもしれません。そんな時はP/L（損益計算書）を軸とした評価を行うとよいでしょう。なぜなら、リスクを評価する目的は

事業活動への影響を評価することだからです

ただし評価の軸となるべきP/L（損益計算書）は、従来の古いP/Lではなく、変動費と固定費をしっかり分離し、それぞれの内訳を示した新しいP/Lです。本書ではこの「戦うP/L」を軸として、サステナブル経営実現のため何が必要かを考えていきます。

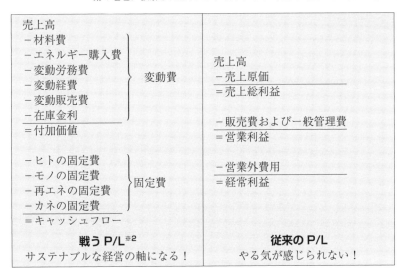

（※２）本質は変動費と固定費の分離です。ここに示したのは１つの例です。

▶▶従来のP/L（損益計算書）では評価の軸にならない！

　戦うP/Lとの比較で、従来のP/Lも示しました。売上高〜売上原価〜販売費および一般管理費（販管費）〜営業外費用というのは常識的で見慣れたP/Lの姿ですが、これらは全くリスク評価の軸になりません。なぜなら

> ① サプライチェーンが売上原価〜販管費〜営業外費用に分断されています
> ② 売上原価や販管費の内訳がそれぞれ全く不明です
> ③ 変動費と固定費が混在しています
> 　（売上原価は変動費ではありません。販管費も固定費ではありません）

21世紀を生き抜く会社作りのヒント

今まで　「持続可能性」が、まるで流行語のように呑気に語られていました
今後は　持続可能性が問われている現実を、重く受け止め備えましょう！

全ての資源は枯渇する、化石燃料だって枯渇する

今まで当然のこととして受け止められてきた経済成長の仕組みは指数関数でした。資源消費も指数関数で増えていくので、いかなる新資源の開発や技術開発も焼け石に水です。私たちは、そろそろ資源の枯渇（燃料、食料、プラスチック）という現実に向き合わなければなりません。

▶▶指数関数（ネズミ算）の怖さを知っていましたか？

　豊臣秀吉に仕えた曽呂利新左衛門という人のエピソードとして、こんな話が伝えられています。ある日、秀吉から褒美を下されることになった新左衛門は、何を所望するか尋ねられて答えます。「あの障子の最初のマス目に1粒、次のマス目に2粒、さらに次のマス目に4粒という風に倍々で米粒を置いていき、45マスの障子一面が埋まったら、その米粒をください。それで結構です」「たったそれだけでよいのか？　欲のない奴だ、はっはっは」　実は、実際に計算してみると当時の日本の総生産高に迫る途方もない量なのです（1粒 0.02 g、当時の米生産高 1200 万石程度として）。秀吉はすっかり面目を失ってしまったのでした。これが指数計算（ネズミ算）の破壊力です。

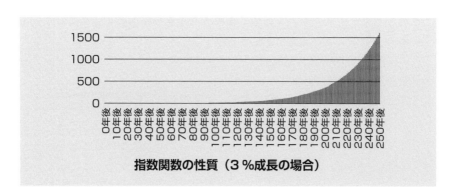

指数関数の性質（3％成長の場合）

▶▶経済成長も指数関数だった！

　実は、今まで私たちが当然のこととして受け止めてきた経済成長もまた指数関数だったことをご存知でしょうか？　仮に、たった（？）3％程度の成長を前提とするだけでも、世界経済の規模（≒エネルギー消費量）は、100年後に20倍、200年後に400倍、250年後なら1789倍になります（まもなく産業革命から250年です）。ところで、現在広く公表されている化石燃料全体（石油・石

炭・ガス・ウラン）の可採年数は約80年ですが、この数字はゼロ成長での計算ですから、世界経済の成長や人口爆発を考慮していません。そこで、先ほどの3％の成長を念頭に再計算してみると、可採年数は40年になってしまうのです（2060年頃に枯渇！）。こうした話をすると

「新油田や新資源も次々と発見されているから大丈夫なはず」

という期待をこめたご意見を伺います。しかし先ほどの指数関数の性質により、かなり楽観的に全化石燃料が1.5倍に増えると仮定しても（！）可採年数は10年程度しか伸びません（2070年頃に枯渇）。状況はかなり深刻です。

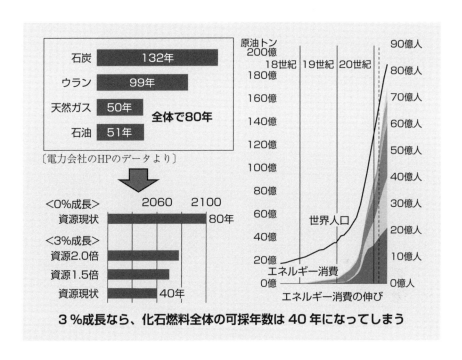

３％成長なら、化石燃料全体の可採年数は40年になってしまう

▶▶皆さんは、このリスクをどう評価するのか？

　日本が公約した脱炭素の目標は2050年ですが、中国の目標が2060年なのは印象的です。また、大産油国であるサウジアラビアやクウェートは再生可能エネルギー（再エネ）の導入に積極的ですが（！）、そこにもまた

「資源は枯渇する」

というリスク判断を感じます。もちろん資源は、ある日突然に枯渇するもので

はありません。資源が無限ではないという認識が広がれば、資源の取引は買い手市場から売り手市場に急速にシフトし、世界が資源国の横暴に振り回されるのは確実でしょう。ですから、脱炭素（脱化石燃料）を、環境問題（地球に優しい）とのみ捉えることは危険です。皆さんは自らリスクを判断し、これからの行動を決めなければなりません。

IN ➡ 事業活動 ➡ OUT		〈あなたの会社のリスク判断は？〉
IN 側 経済の問題	資源枯渇と価格高騰がくる！ （生きるか死ぬかの問題）	リスクを 認識しない ➡ だから何もしない
OUT 側 環境の問題	CO_2 を削減しろと言われた！ （やらされ感が強かった）	リスクを 認識する ➡ だから脱炭素する

▶▶再エネの制約が、経済社会の姿を変える日

　脱炭素を語る時、しばしば「実質的に排出ゼロ」という表現が使われます。これは CO_2 の排出を環境問題（OUT 側の問題）とのみ捉え、若干の省エネやリサイクル、排出権や CO_2 吸収などですませて現状の経済／事業を温存しようとするものでしょう（それも 1 つの判断です！）。この場合の脱炭素なら表面的な（見かけだけの）活動で十分かもしれません。しかし CO_2 の排出を経済問題（IN 側の問題）として捉え、資源の価格高騰や入手難と本気で戦おうと思うなら、私たちは本気で問題に取り組まなければなりません。

> ✔ 化石燃料の使用を節減（最終的にはゼロに）
> ✔ 再エネの導入を進める（最終的には 100 ％に）

　本気で脱炭素に取り組む時、会社の姿も大きく変わることになるでしょう。なぜなら再エネには化石燃料とは異なる 3 つの制約があるからです。

> ＜再エネの 3 つの制約＞
> ① 　使える資源量が限られている
> ② 　出力が不安定なものが多い 　　　化石燃料とは全く違う！
> ③ 　大規模な蓄積が経済的に難しい

　従って脱炭素は、化石燃料（枯渇する）から再エネ（枯渇しない）への単純な切り替えでは済みません。再エネの 3 つの制約により、エネルギーが経済社会の自由奔放な要求に合わせてくれていた時代が終わり、経済社会がエネルギーの制約に寄り添わなければならない時代がやってくるからです。特に再エネの資源量の制約が、重大な影響を社会や事業に及ぼします。会社は

真剣な生産性を問われます（エネルギー当たりの生産性）

もはや、見せかけの生産性向上では通用しません。30年間の停滞に別れを告げ、真に高い生産性を実現した事業だけが価格高騰に耐えて生き残り、生産性の低い事業は消えていくでしょう。

▶▶「戦う会計」で、本気の生産性向上を！

　私たちは「波」と「津波」の違いに注意すべきです。波は我慢していれば過ぎ去るものですが、津波は我慢しても過ぎ去ることはありません。これからやってくるのは景気の波ではなく、過ぎ去ることのない構造的変化の大津波です。やってくるのが「津波」である以上、現状への埋没、問題の先送り、見て見ぬふり、表面的な対応は状況を悪化させるだけです。言い換えれば、対策が早いほど有利です。資源価格高騰の時代を本気で生き抜こうと思うなら、これから説明していく「戦う会計」で本気の生産性向上を目指してください。それが価格高騰をはねのけて競争力を回復し、結果的にCO_2の排出削減にも繋がるからです。

▶▶1日も早く評価を始めなければならない

　全ての資源（生物資源・地下資源）が有限である一方、世界人口は100億人に迫り、インターネットによって先進国の豊かな暮らしを知った発展途上国の人々が競って資源消費を拡大、資源の争奪はますます激化しています。この急激な変化は、全てが「どうにもならなくなる日」まで止まりません。それは無限の成長を前提としてきた経済社会が、資源の有限性という壁に激突する瞬間でもあります。この時、資源の取引は、買い手市場から売り手市場へと変貌します。必要な資源が、必要な時に、必要な量だけ入手できた「幸福な時代」は終わったのです。サウジアラビアやクウェートといった大産油国における再エネの導入、2060年という中国の目標設定を他人事だと思ってはいけません。日本の皆さんも、1日も早く、リスクの客観的な評価と、具体的な準備を始めてください。

21世紀を生き抜く会社作りのヒント

今まで	化石燃料が無限だという前提で、経済社会は設計されていました
今後は	資源は有限です。着地点を考えた行動を始めなければなりません

目標が総花的なSDGsを卒業し「脱・化石燃料」に集中！

SDGsの17の目標は全て同時に達成しなければなりません。1つか2つでは社会が持続可能にならないからです。とはいえ、これらの目標は総花的で行動計画を立て難いものでした。今改めてSDGsの本質を一言で表すなら、それは「脱・化石燃料」です。

▶▶「サステナビリティ＝環境に優しい」ではない！

今、SDGsがトレンドです。SDGsは「持続可能（サステナブル）な開発目標」と訳されている言葉です。日本国内では、このSDGsを

「サステナビリティ＝地球環境にやさしい」

と受け止めてきました。これは日本の環境保全が、20世紀の公害対策から始まった歴史によるものです（経済と環境・対立の視点）。しかし、21世紀のSDGsや脱炭素が目指す目標は、環境と経済の対立ではなく両立です。どんなに環境だけが改善されても経済社会が成り立たなければ暮らしていけません。その一方で、健全な環境下で諸資源が再生産されなければ経済社会も成り立たないからです。サステナビリティという言葉が意味する本当の「持続可能性」とは、地球環境だけの持続ではなく、経済社会を含めた持続（どうやって暮らしていくか）です。それは、SDGsの目標8が「働きがいも経済成長も」と言っていることからも明らかでしょう。

「サステナビリティ＝経済社会と事業の存続」
（21世紀を生き抜く！）

▶▶枯渇する資源への依存がサステナブルなはずがない！

SDGsは17の目標で構成されています。これらの目標は一見すると複雑なものですが、その根源は化石燃料（石油・石炭・天然ガス・ウラン）の過剰消費によってもたらされる問題でした。ですからSDGsの本質は、化石燃料（そしてプラスチックも！）に過度に依存した経済社会や事業の在り方を見直すことです。なぜならそれは枯渇するものだからです。いつか必ず枯渇し、価格高騰を免れない資源に依存した経済社会や事業がサステナブル（持続可能）であるはずはありません。枯渇しつつある資源に頼らずに生きていく手段を考え、脱

炭素（脱・化石燃料）に全力で取り組むことこそがSDGs達成への王道なのです。

＜SDGsの17の目標＞

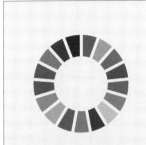

SDGs 17の目標

「21世紀を生き抜くこと」

1. 貧困をなくそう
2. 飢餓をゼロに
3. 人々に保健と福祉を
4. 質の高い教育をみんなに
5. ジェンダー平等を実現しよう
6. 安全な水とトイレを世界中に
7. エネルギーを皆に、そしてクリーンに
8. **働きがいも経済成長も**
9. 産業と技術革新の基礎をつくろう
10. 人や国の不平等をなくそう
11. 住み続けられるまちづくりを
12. つくる責任つかう責任
13. 気候変動に具体的な対策を
14. 海の豊かさを守ろう
15. 陸の豊かさも守ろう
16. 平和と公正をすべての人に
17. パートナーシップで目標達成しよう

✓ 化石燃料の過剰消費が、CO_2を発生させ気候変動を引き起こす
✓ 化石燃料の過剰消費が、多量の廃棄物を生み環境破壊を引き起こす
✓ 化石燃料への依存が、資源の争奪と戦争の原因になる
✓ 化石燃料への依存が、燃料を使える人／使えない人の格差を生む
✓ 化石燃料に依存した経済成長が、資源の枯渇で維持できなくなる
✓ 経済成長が維持できなくなれば、保険や福祉が維持できなくなる
✓ 経済成長が維持できなくなれば、さらに貧困や飢餓、不平等が広がる
✓ 化石燃料への依存から脱却するための技術や産業が必要になっている
✓ 新しい技術や産業を生み出すイノベーションには、多様な発想が必要
✓ 化石燃料を前提とした価値観から脱却と、そのための教育が必要
など

▶▶各社の経営は、脱・化石燃料にどう取り組むのか？

　脱・化石燃料を進めるにあたり、その大前提として経営が早急に検討しておくべきことは以下の事柄でしょう。

化石燃料がいつ枯渇すると予測するか？
➡①40年後／②80年後／③永遠に枯渇しない／④その他

再生可能エネルギーがどれくらい確保できると考えるか？
➡①化石燃料と同量確保できる／②化石燃料の約3分の1／③その他

どんな種類の再生可能エネルギーが確保できると考えるか？
➡①太陽光／②風力／③水力／④地熱／⑤バイオマス／⑥その他

化石燃料（ウランを含む！）が枯渇するものだという厳しい現実を受け止めるなら、再生可能エネルギー（再エネ）への切り替えを確実な方法で進めなければなりません。ただし、その切り替えのプロセスは、エネルギーからエネルギーへの単純な置き換えでは済みません。今日の経済社会で利用されているエネルギーが圧倒的に化石燃料由来であるため顕在化していない問題ですが、再エネは化石燃料とは異なる重大な制約を有するエネルギー資源だからです。従って、再エネは化石燃料を単純に代替するものではなく、

全く別のエネルギー資源だと考える必要があります

　結果的に、今まで諸資源が無尽蔵にある前提で設計されてきた経済社会や事業の在り方、会社の仕組みは大きな変更を迫られることになります。それは資本主義の形、富や蓄財の意味すら変えてしまうほど大きな変化になるでしょう。

＜再エネの３つの制約＞	＜導かれる結論＞
①資源量が限られている ②出力が不安定なものが多い ③大規模な蓄積が困難※	→ エネルギーが事業に合わせるのではなく、事業がエネルギーに合わせなければならない時代がくる！

（※）不可能なわけではありませんが、変換や蓄積を繰り返すたびにエネルギーが失われ、不利です。関連設備の維持にも希少な資源を消費します。

▶▶サステナブルな経営って、何だろう

　サステナブルな経営はサステナビリティを目指す経営です。そしてサステナビリティとは地球環境に優しいこと（だけ）ではなく、経済社会や事業活動の存続を目指すことですから、

サステナブルな経営＝21 世紀を生き抜く経営

だと言えます。その大きな柱は脱炭素の達成であり、脱炭素は①再エネ確保と、②その効率的な利用による３つの制約の克服、そして③事業活動の維持だと言えます。これがこれから目指すサステナブルな経営のアウトラインです。

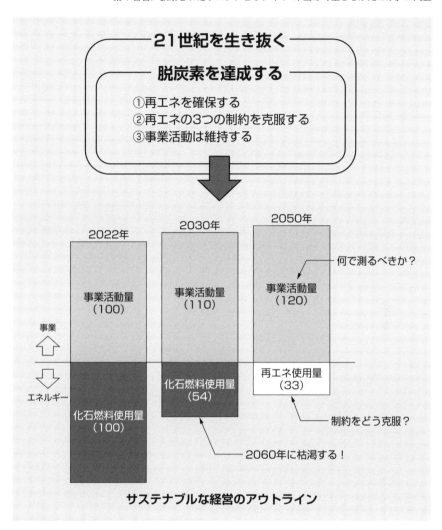

サステナブルな経営のアウトライン

21 世紀を生き抜く会社作りのヒント

今まで サステナビリティは地球環境のためのものだと言われてきました
今後は サステナビリティの根幹は枯渇する資源への依存を断つことです

「持続可能性」から、「生きるか死ぬか」の問題へ

今までのサステナビリティが環境保全の問題だと認識され、脱炭素も気候変動問題や CO_2 削減ばかりが注目されてきたことの弊害を感じます。実はそれが、サステナビリティの本質を見誤らせ、本当のサステナブルな経営の実現を妨げる原因になっていたのです。

▶▶論点は「やるべきか否か」から、「どうやるか」へ移っている

　日本が公約した脱炭素の目標は2050年ですが、ヒント02で試みた化石燃料（石油・石炭・ガス・ウラン）の枯渇予想は2060年頃でした。もちろん今後の世界経済や脱炭素の進捗次第で状況は変わっていくものです。しかし、指数関数で増大する消費を無限に支える資源は存在しません。2050年（あるいは2060年）に向かって資源国の横暴、資源取引の売り手市場化、エネルギーや原材料の価格高騰の流れは止まらないでしょう。必要な資源を必要な時に必要な量だけ買えた幸福な時代は終わったのです。それなのに、脱炭素を「地球に優しい」とのみ捉えて抜本的な対策を先送りすれば、

食糧自給率37％、エネルギー自給率11％

の日本は終わります。子供たちの世代は暮らしていけない。「状況が厳しくても、やりようはある！」というのが私の認識ですが、そのためには私たちが本当に本気になって、構造的変化という名の大津波と戦わなければなりません。

▶▶誰が、この困難な戦いの指揮を執るのか？

　従来の脱炭素はCSRとして認識されがちでしたが、CSR部門だけでは技術的イノベーションは担えません。ビジネスモデルに踏み込んだパラダイムシフトが必要ですが、生産部門や配送部門は毎日の戦いに追われて精いっぱいです。原材料やエネルギー価格の高騰と戦うには「戦うための会計」が必要ですが、現場から遠い財務経理部門には新しい管理会計を構築する力がありません。結局のところ、脱炭素という困難な戦いの指揮を執り、技術革新を起こして全体を引っ張っていくべきなのは生産技術部門でしょう。技術者の本来の仕事はコストと性能のバランスを取ることです。コストを評価しない／評価することができない技術者の活動を「技術」と呼ぶことはできません。日本のモノづくりを支えるべき技術者を、いつまでも時代錯誤の工数削減だけに埋没させておいてはいけません。

＜誰なら、この戦いの指揮を執れますか？＞
×CSR部門、×販売部門、×経理財務、△一般管理部門、〇生産技術部門

▶▶古いカイゼンを卒業、工数の削減から CO_2 の削減へ

　ただしそのためには、生産技術の皆さんも大きく生まれ変わらなければなりません。率直に申し上げて、今までの生産技術には元気がありませんでした。やってもやっても下がらないコスト、上がらない生産性、見せかけだけの在庫削減でお茶を濁す毎日。これでは会社は元気になりません。

でも技術者の皆さん、しょんぼりしている場合じゃありません！

　2050年までに達成しなければならない「真の脱炭素」に向かって、やるべきことはたくさんあります。ぜひ、会社の新しい司令塔になってください。

＜生産技術者の新しいミッション、例えば＞
✔ 本気で化石燃料使用をゼロに（＝CO_2 ゼロ）
✔ 価格高騰と戦える購買戦略の創出
✔ 価格高騰と戦える在庫戦略の創出
✔ その実現に必要な「戦う会計」の構築
✔ 再エネ資源の確保や自家発電の建設推進
✔ 確保した再エネを活かす、真の生産性向上
✔ 時代に合った新しいビジネスモデルの模索

会社の司令塔になる！

▶▶それなのに、全員がコストダウンと答えた

　以前、生産技術の方々を対象にしたセミナーでこんな質問をしてみたことがあります。「暑くなってきたので扇風機を買おうと思います。ネットで調べたら選択肢は２台。Ａ社の製品は2000円でお届けまで１か月、Ｂ社の製品は3000円で翌日のお届け。デザインと機能はほぼ同じ。皆さんならどちらを選びますか？」 さあ、如何でしょう？ 毎日コストダウンに励んでいる皆さんですから、Ａ社の安い扇風機が大人気かと思いきや……

＜Ａ社の扇風機＞	＜Ｂ社の扇風機＞
価格：2000円	価格：3000円
納期：１か月	納期：翌日

実際には９割以上の方が早く届くＢ社の扇風機を選んだのでした。

その同じセミナーの後半で、某社の赤字のP/L（コストの内訳をきちんと示した新しいP/L）を見せながら私は再び皆さんに尋ねました。「今、当社は赤字です。事業を立て直すために、皆さんなら何をしますか？」　全員の答えがコストダウンでした。それなら何をコストダウンしますかと尋ねると「労務費や配送費のムダ取り」という答えばかりだったので私は申し上げました。「皆さんは午前中、1000円高くても早く届く扇風機を選びました。今では10円のコストダウンだって容易なことじゃありませんが、売り方次第で1000円も売値が上げられる可能性があるのは驚きです。皆さんも原材料費高騰との戦いや脱炭素への取り組みの中で、こういう発想をすべき場面もあるのではないですか？」日本のモノづくりにおいてイノベーションが止まり、いつまでも

やるべきことが見えてこないのは、皆さんが正しい会計を使っていないから

だと私には思われてならなかったのです。

	単位：百万円				単位：百万円	
売上高	2000	→	2000	売上高	2000	→	3000
材料費（高騰中）	1800		2000	材料費（高騰中）	1800		2000
労務費	100		90	労務費	100		100
経費（高騰中）	100		200	経費（高騰中）	100		200
配送費（高騰中）	200		190	配送費（高騰中）	200		400
事業付加価値	▲200		▲480	事業付加価値	▲200		300
今までの製造業の発想（ジリ貧！）				**脱炭素に必要な発想（業績回復！）**			

▶▶21世紀の生産技術者は「CZO」を目指そう！

　SDGsやサステナビリティの本質は「地球に優しい」ではなく、厳しい21世紀をどう生き抜くかです。それは会社の総力を挙げて取り組む壮大なパラダイムシフトとなるでしょう。この困難な取り組みを成功させるには、技術と会計の両方を熟知する指揮官が必要です。21世紀の生産技術者は「戦う会計」を学び、

CZO（Chief Zero carbon Officer／脱炭素最高責任者）

を目指して頑張ってください。その使命は、古いビジネスモデルを根本から見直し、会社の活力を本気で回復して脱炭素を達成することです。

OUT／環境の問題		IN／経済の問題
CO_2 を削減しろと言われた	➡	資源枯渇と価格高騰が来る！
現状の延長でなんとか凌ぐ	➡	抜本的な見直しが必要！
CO_2 を「実質的」に削減する	➡	化石燃料を、本気でゼロに！
状況が悪いから、後回し！	➡	状況が悪いから、全力で！
DX に SDGs、次は何だ？	➡	サステナビリティは最終目標
CSR 部門がとりまとめ	➡	生産技術部門が指揮を執る

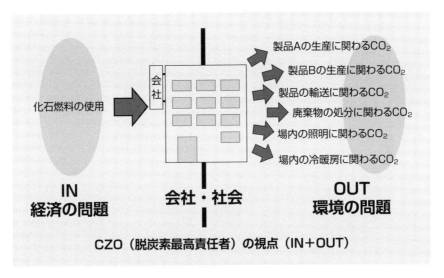

CZO（脱炭素最高責任者）の視点（IN＋OUT）

▶▶手つかずだった宝の山がある

　従来の日本の経営は、表面的な会計指標に振り回され、環境どころか経済にすら真剣に向き合えていませんでした。今まで私たちは本気ではなかったのです。見方を変えれば、本当に本気になれば伸びしろは大きい（！）。今度こそ本気で経営課題に向き合って、21世紀を全力で生き抜きましょう。それが脱炭素やサステナブルな経営の本質です。

21世紀を生き抜く会社作りのヒント

今まで　見せかけの活動が、経営課題をさらに深刻なものにしていました
今後は　真にサステナブルな経営は、経営課題に本気で取り組みます！

サステビリティは、流行やファッションじゃない！

サステナビリティは、今まで次から次へと流行してきた見かけだけの活動とは違います。なぜなら、サステナビリティ（生き残ること）の真の達成なしには、いかなる「次」もあり得ないからです。その意味でサステナビリティは最終目標です。これからは「生き残る」に集中しましょう。

▶▶品質 ISO の取得に見る、見せかけだけの活動の弊害

日本のモノづくりは、長年、高い技術力と高い品質を競争力の源泉としてきました。それにもかかわらず、近年技術は枯渇し、頼みの品質ですら不正事件の続発でガタガタです。これらの不正の多くは大規模なもので、組織的な不正だったことは明らかです。しかもその多くが品質 ISO の認定をきちんと受けていたと言われますから事態の深刻さは底なしです。残念ながら、こうした事件は近年枚挙にいとまがありませんが、ここから私たちは

どんな教訓を読み取るべきなのでしょうか？

① ISO の審査機関側にも問題があったということ

品質不正に関わる事件は、内部告発やマスコミによる報道によって明らかにされたもので ISO の審査の過程で発見されたものではありません。事件が大々的に報道されてはじめて、認定が取り消されたりしています。もちろん、ISO の審査は監査ではありませんから限界があるのは当然ですが、全社的・意図的に行われていた品質不正が発見できなかったとすれば、それは明らかに審査の失敗だったというべきでしょう（審査している意味がない！）。

② ISO を受審している側が見せかけだけの活動だったということ

多くの不正事件の背景に、会社全体あるいは担当者の「やらされ感」を感じます。真摯に審査機関のアドバイスを受け止め本気で品質向上を目指していくのではなく、合格という形式的なお墨付きをもらうこと／もらわせることだけに拘りすぎてはいなかったでしょうか？　日々の余裕がない中で無意味だと思う活動を漫然と続けることはムダであり、サステナブルな態度ではありません（審査を受ける意味がない！）。

➡これからも品質が大切だと思い、ISO がその維持向上に寄与すると思う
　なら、もっと真剣に ISO をやるべきではないか？
➡審査をいい加減に受けるなら、ISO を止めたらどうか？
➡ ISO が品質に寄与しないと思うなら、ISO を止めたらどうか？
➡品質など重要ではないと思うなら、ISO を止めたらどうか？

　以前関わったことがある職場で、①従業員に開示している組織図と、② ISO 審査用の組織図が全く違うという事例がありました。ISO の担当課長が、審査の中でだけ部長に昇格し、審査員の質問に答えていました。それどころか、③財務監査で使う組織図、④労働基準監督署に提出する組織図などが全て違っていたのです。これはどう考えてもムダな活動だと思います。それぞれの目的に合った「正しい」組織図を使い分ける手間は膨大ですし、そんな苦労をしてまで真の組織図を明らかにしなかった理由とはいったい何だったのでしょう。指示系統や責任分担をしっかり定めておけば、ムダな組織図を作る手間が省けるのみならず、日々の本当の業務効率も上がります。もしかしたら直視したくなかったのかもしれない多くの経営課題も、自ずと解決してしまったに違いありません。

▶▶あれもこれもという感覚の原因

　ここで ISO の話をしたのは、その障害が、サステナブルな経営への障害と本質的に同じものだからです。それは私たちが身につけてしまった、

本気で取り組まず、見かけだけやるという悪習

です。私は現場で、ISO が国内で広く行われるようになると同時に、日本の製品の品質が急激に落ちたことを感じていました。もしかしたらそれが、それまで私たちが自力で追及していた「良い品質とはなんだろう？」が、

「どうすれば審査に受かるだろう？」

という見せかけだけの活動にシフトしてしまった瞬間だったのかもしれません。ISO 自体が悪いわけではありませんが、ISO を適切に活かせてこなかったのが実態だったのだと思います。ISO だけではありません。生産性向上、TPS、TQC、TPM、カイゼン、ムダ取り、コストダウン、ゼロ在庫、DX、BCP や ERM、SCM などでも同じ問題が起きました。担当者はいつもアップアップでした。今また

サステナビリティ〜SDGs〜脱炭素などまっぴらごめん

というのが本音だったのではないでしょうか？　今度こそ全てが「生き残る」というただ１つの目標に統合されなければなりません。あれもこれもと感じるのは、本気にならずに表面的なやらされ仕事になってしまっている証拠です。同じ失敗を脱炭素の TCFD や環境レポートで繰り返してはなりません。

> ➡やっているふりをすることは、資源のムダです
> ➡やっているふりをすることで、実態がおろそかになるなら有害です

▶▶サステナビリティこそが究極の目標

　これから途方もなく厳しい時代がやってきます。本当に必要な活動に全ての経営資源を集中することこそが、真にサステナブルな経営です。サステナブルな経営とは、決して

> **表面的な何か・無意味な何かを、新しく始めることではありません**

　現状の延長では絶対に2050年を生き抜けません。ですから私たちの「やっているふり病（死に至る病）」を放置してはいけません。2050 年の社会を予測し、リスクを評価し、優先順位を考えながら対策を実施し、様々な見せかけの活動を本気の活動に蘇らせていくことこそが真にサステナブルな態度です。

> ➡無意味な活動があれば止めましょう！
> ➡本気でやるべき活動は本気でやりましょう！
> ➡活動をリードできる人材を発掘しましょう！

生産性向上	➡	エネルギー当たりの生産性向上が脱炭素成功の鍵です
カイゼン活動 コストダウン	➡	価格高騰との戦いや CO_2 削減が、これからの主戦場です
SCM	➡	価格や CO_2 の管理はサプライチェーン全体が対象です
DX	➡	コストやエネルギーの消費を把握できる DX が必要です
品質 ISO	➡	大きな変化の中でも、維持されるべき品質があります
環境 ISO	➡	環境問題への取り組み方全般を点検しましょう
BCP、ERM	➡	真のリスク評価は、それに備える行動のための前提です
原価計算	➡	原材料・エネルギーの価格高騰の影響を把握しましょう
損益計算	➡	大きな変革の中で、経営課題を明確にし、今後やるべきことを共有しなければなりません（by「戦う会計」）

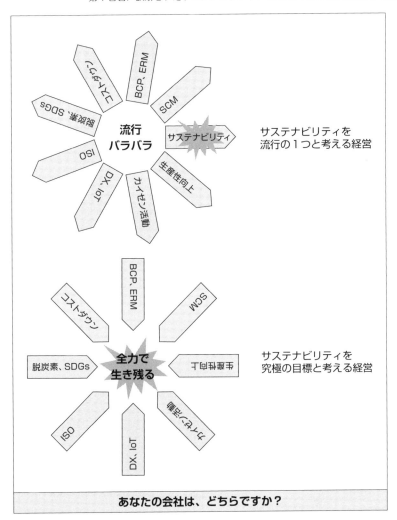

あなたの会社は、どちらですか？

21 世紀を生き抜く会社作りのヒント

今まで 見せかけの活動の海の中で、経済社会も会社も溺れかけていました
今後は 「生き残る」という目的に向かって、全ての活動を統合しましょう

社会が危ない！ 会社も危ない！

　サステナビリティとはいったい何でしょうか？　少し調べると「環境・社会・経済の全てにおいて持続可能な状態」などと説明されていますが、なんだかピンときません。一方、SDGsでは17の具体的な目標を設定していますが、総花的であるが故に結果的に何をしたらよいのかわかり難いと感じます。例えばSDGsの 目標8 は「働きがいも経済成長も」ですが、今まで日本国内では「サステナブル＝地球環境に優しい」とのみ捉えられがちでした。そのことが、「経済と環境のどちらが大切？」「環境なんか後回し！」といった対立を生じる原因にもなっていたようです。

　でも改めて考えてみて下さい。本来、当然のことであるべき「持続可能性」がことさらに問われるに至った今日の社会の深刻な状況を！　「地球のために」などと言って、まるで他人事のようにはしゃいでいる場合ではありません。サステナビリティとは私たちの社会や会社の「生きるか死ぬか（存続可能性）」を問う言葉だということを絶対に忘れてはいけない。その実際の達成方法を、これから考えていくことにしましょう。

そうだったのか！

ガリレオ・ガリレイ

第2合目

21世紀を生き抜けない！
今の会計、全く使い物になりません

「さあ、サステナブルな経営を始めましょう！」
と言っても、ことさらに新しい何かに着手する必要はありません。まずはコストダウンや生産性向上にしっかり取り組むことが基本です。ここで1つだけ決定的な違いを申し上げるなら、それは「本気でやる」ということです。実は、

今まで誰も本気ではありませんでした。

証拠はこれまでの会計の形です。驚くべきことに、今日までの会計は一貫性のないバラバラな知識の集合体になっていて使い物になりませんでした。使い物にならない知識は難解で退屈なものです。そんな会計（財務会計・管理会計・簿記の会計）の機能不全こそが、日本のコストダウンや生産性向上、そして全ての経済的活動が成功しない根本原因だったのです。ですから、もし会社が本当に本気になったなら、まず会計の形が変わってくるはずです。言い換えれば、

会計の形が変わってこない限り、

私たちが本気になったとは言えないということです。

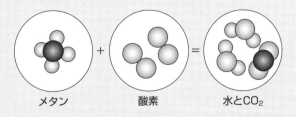

メタン ＋ 酸素 ＝ 水とCO$_2$

ヒント 06

え、今の会計ではサステナブルな経営は実現不可能？

たとえば、真剣に経営を担おうと志す方々の多くが簿記試験に挑戦します。そして簿記は難しいと言われてきました。特に工業簿記は難しいと……もしその難しさの原因が簿記や会計そのものの「誤り」からくるものだったとしたら、どうしますか？　今、私たちの「本気」が問われています。

▶▶このP/L が抱えている深刻な問題がわかりますか？

　今、日本を絶望感が覆っています。何をやっても社会は良くならない、景気は回復しない、頑張っても評価はされない、何をすべきかわからない…。

　現状の日本の経済社会において、あるいは個々の会社の事業活動において、どれほど大きな問題が放置されていて、サステナビリティ達成の障害になっているかをご理解いただくには、まず従来の会計がどれほど時代遅れになってしまっていたのかをしっかりと認識していただく必要があるでしょう。次頁に、ある会社※のP/L（損益計算書）を掲げてみました。このP/L を眺めて、どこに問題があるのかを考えてみてください。

（※）この会社は優良会社だと言われており、事業活動そのものに問題があるわけではありません。P/L の表記方法もごく一般的なものです。

▶▶今まで誰も指摘しなかった深刻な問題

　最初に気づいていただきたい問題は、金額の異常なアンバランスです。売上高の59％を占める売上原価や、34％を占める販売費および一般管理費（いわゆる販管費）の内訳が何も示されていない一方で、売上高に対する比率が0.002％（売上原価の32751分の1、販管費の19045分の1）にすぎない投資有価証券評価損が記載されていたりします。この会社の本業に関わるものではなく、このP/L では金額的な重要性も乏しかった投資有価証券評価損を記載するくらいなら、なぜ本業の状況を示す売上原価の内訳等をきちんと記載しなかったのか？　きちんと記載するよう指導しなかったのか？　27頁に金額の大小を比較するグラフも掲載していますので、併せて参照し、表示されている金額の異常さを実感してください。

売上高	388,463
売上原価	229,256
売上総利益	159,206
販売費および一般管理費	133,313
営業費用	25,893
営業外収益	
受取利息	443
受取配当金	1,631
為替差益	999
持ち分法による投資利益	73
受取賠償金	45
雑収入	963
営業外収益合計	4,157
営業外費用	
支払利息	2,101
雑損失	2,269
営業外費用合計	4,371
経常利益	25,679
特別利益	
固定資産売却益	108
投資有価証券売却益	16
特別利益合計	125
特別損失	
固定資産売却損	77
固定資産除却損	284
減損損失	283
投資有価証券評価損	7
事業構造改革費用	3,401
特別損失合計	4,053
税金等調整前当期純利益	21,750

ムダや生産性はわかりますか？ 経営課題は見えますか？

売上原価の内訳（それは実質的に製造原価の内訳でもあります）は、10年ほど前までは製造原価明細書としてある程度は開示されていました。しかし現在では製造原価（≒売上原価）の内訳を開示している会社はありません（私は見たことがない）。これがどれほど異常な事態かおわかりでしょうか。例えば、物価高騰で経営が厳しいと日本中で騒ぎになっていますが、

> ✔ それがどれくらいのインパクトを経営に及ぼしているか読み取れない
> ✔ さらなる物価高騰が起きた時、何が起こるかシミュレーションできない
> ✔ 社内のどこにどんな経営課題があるかわからない、生産性もわからない
> ✔ どんな対策を、どんなレベルで実行すべきかわからない

つまり、利益が出なくなった原因が、原料費や燃料費の価格高騰など外部要因によるものなのか、現場の努力不足などの内部要因によるものなのかすらわからず、経営的対策も困難だということです。結果としてできるのは、

「いつだって、お前らの頑張りが足りないのだ！」

といって従業員を叱りつけることくらいでしょう。勇気ある変革が決行されることはなく、人材は失われ、会社はゆっくりと死んでいくのみです。

▶▶宝の山を見つけよう

　もしかしたら、「開示はともかく、社内で把握されていればよいのでは？」と思われるかもしれませんが、実は工業簿記2級あたりで習う合計転記という仕組みにより、製造原価の内訳は誰にもわからなくなってしまうのです。

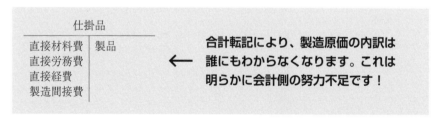

仕掛品

直接材料費	製品
直接労務費	
直接経費	
製造間接費	

← 合計転記により、製造原価の内訳は誰にもわからなくなります。これは明らかに会計側の努力不足です！

　このP/Lの問題は、製造原価の内訳がわからないことだけに止まりません。これから順次検討していきますが、製造原価と非製造原価（販管費や営業外費用）の分断が起こす問題、販管費側の内訳もわからないことによる問題、変動費と固定費が混在していることによる問題等々、どれも深刻なものばかりです。でも私はこの状況をポジティブに捉えています。状況が深刻であればあるほど、手付かずの宝の山は大きいとも思うからです。それを1つひとつ見つけていくことが、本当にサステナブルな経営に至る道なのです！

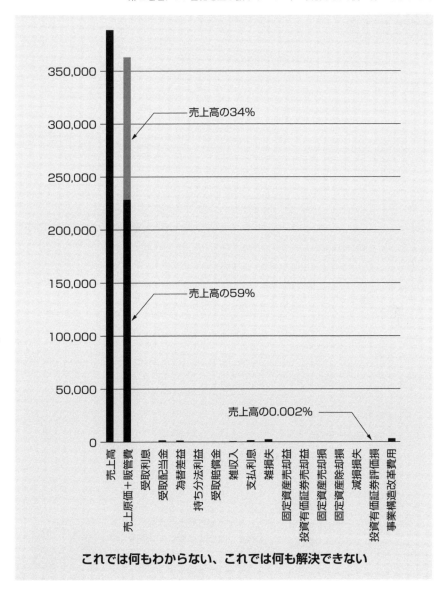

これでは何もわからない、これでは何も解決できない

21世紀を生き抜く会社作りのヒント

今まで 先行きが不透明な今日、有効な会計を欠いた経営は危険です！
今後は 厳しい時代でも、P/L が変わればできることはたくさんあります

ヒント07

え、今の会計では事業計画が立てられない？

P/L が不備だと何が問題なのか？　そもそも経営がうまくいっているのか／いないのかがわかりません。それが好都合（？）な場面があることは否定しないとしても、経営課題への手当は確実に遅れます。ようやく着手した対策も見当違いだったりします。そんな P/L で戦えますか？

▶▶「波」の時代と「津波」の時代、必要になる会計の違い

　厳しい時代になりました。資源国の横暴で原材料や燃料費は高騰し、国際関係は緊張、新型感染症の混乱も続いています。そんな時代を生き抜くには、嵐の海の羅針盤・会計の再生がどうしても必要です。そこで今回は、既存の会計（財務会計や簿記）が昨今の厳しい環境と戦うための経営ツールになり得ていなかった場面を、具体的に見ていきたいと思います。

　ところで皆さんは「波」と「津波」の違いをご存じでしょうか？　どちらも海面の変動ですが、波は一過性のものであり、しばらく待てば必ず元に戻ります。これに対して津波は継続性なものであり、待っていても元には戻りません。経済を語る場面では、しばしば「景気の波」という表現が使われてきましたが、ここには暗黙に「悪い状況も、我慢すれば過ぎ去るものだ」という期待が込められていたと思います。ところが昨今の環境変化は不可逆的なものであり、「波」というよりは「津波」と呼ばれるべきものなのです。

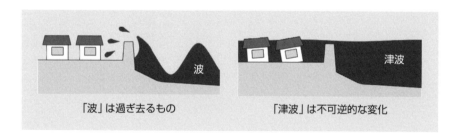

「波」は過ぎ去るもの　　　　　「津波」は不可逆的な変化

　「波」と「津波」では対処の仕方が全く異なります。一時的な変化である「波」なら、現状の厳しさに蓋をし、あるいは補助金に支えられながら、厳しい冬の時代をじっと耐えれば、いつか必ず暖かい春が巡ってきます。しかし不可逆的な変化である「津波」の場合、現状に向き合わないことは致命傷になるのです。なぜなら、じっとしていても暖かい春は二度とやってこないからです。

28

ですから「波」と「津波」では求められる会計の形も違ってきます。波に備える会計は、時に経営課題を見えぬ化し、先送りするのに便利なものでした。しかし津波に備える会計は、経営課題をしっかりと見える化し、厳しい未来を見通して、サステナビリティへの行動を促す会計でなければなりません。

▶▶従来のP/Lが招いていた、極めて危険な判断ミス

今日の会計は、平和な時代の会計です。「波」を前提とした会計であり、未来を見通すことのできない会計でもありました。例えばある会社に、今期の売上高が10,200万円、粗利が3,400万円、営業利益が▲610万円（赤字）の事業があったとしましょう。業績を黒字化するため、経営会議は来期に売上数量を30％アップする計画を立て、全社に指示を出しました。さて、この計画が順調に達成された時、来期の営業利益は黒字になるでしょうか？

			来期目標
来期の業績を、どう予測する？	売上高	10,200 ➡	13,260 （×130％）
	－売上原価	6,800 ➡	？
	＝売上総利益（粗利）	3,400 ➡	？
	－販売費および一般管理費	4,010 ➡	？
	＝営業利益	▲610 ➡	？

恐らく、売上高が30％増えるのですから、粗利も30％増えて4,420万円となり、販売費および一般管理費（4,010万円）は変わらず、営業利益が410万円の黒字になると予想する方が多いのだろうと思います。経営会議もそう考えました。何といっても、「売上原価」や「粗利」はいかにも売上高に比例する変動費／変動利益っぽい名前ですし、販売費および一般管理費（通称：販管費）はいかにも固定費っぽい名前です。そもそも、費用をわざわざ2つ（売上原価と販管費）に区分していることがその確信を強化します。しかし現実には、この確信は裏切られることになります。

			来期目標
黒字化の期待は裏切られる！	売上高	10,200 ➡	13,260 （×130％）
	－売上原価	6,800 ➡	8,840 （×130％）
	＝売上総利益（粗利）	3,400 ➡	4,420
	－販売費および一般管理費	4,010 ➡	4,010 （×100％）
	＝営業利益	▲610 ➡	410

実はこのP/L（損益計算書）では、「（現状延長の）売上拡大で黒字化せよ！」という指示が正しかったかどうか判断できません。来期の売上原価や販管費、粗利や営業利益の予測もできません。従って黒字化できるかどうかわからないのです。なぜなら、売上原価や販管費が変動費と固定費の複雑な混合物だからです。しかも、多くの現場で行われている間違ったコストダウン（私はたくさん直面してきましたが）によって、売上原価に含まれるべき費用が販管費側に付けらえられてしまう事例が多く、競争力を失った製品の粗利が実態以上に大きく計上されていたりします。それが

経営課題を見えぬ化し、先送りするのに便利だったからです！

　さらに悪いことには、昨今の販売費側に含まれる変動費要素が大きくなってきています。技術のコモディティ化によって製品性能では差別化できなくなり、製品情報へのアプローチ、注文や受取や支払の便利さ、納期の短さ、アフターサービスなどが勝負所になったからです。かくして、3,400万円もあるように見えていた今期の粗利は、過大計上だった可能性が高いのです。

　そこで変動費と固定費の区分をやり直し、今期は変動費が8,180万円、真の変動利益（粗利ではなく！）が2,020万円、固定費2,630万円だった結果として営業利益が▲610円（赤字）になっていたのだと判明したとしましょう。売上数量が30％増えれば変動利益も30％増の2,626万円になりますが、固定費2,630万円は賄いきれません。つまり赤字は脱出できないということです。経営会議の指示と期待は正しくなかったのでした。

これで漸く、シミュレーションが可能に！	売上高	10,200		売上高	10,200
	− 売上原価	6,800		− 変動費	8,180
	= 売上総利益	3,400	⇒	= 変動利益	2,020
	− 販売費	4,010		− 固定費	2,630
	= 営業利益	▲ 610		= 営業利益	▲ 610

			来期目標	
赤字は脱出できない！それが事業の真実だった	売上高	10,200 ➡	13,260	（×130％）
	− 変動費	8,180 ➡	10,634	（×130％）
	= 変動利益	2,020 ➡	2,626	
	− 固定費	2,630 ➡	2,630	（×100％）
	= 営業利益	▲ 610 ➡	▲ 4	

▶▶見慣れた P/L に、誰が疑問を感じるべきなのか？

　販売コストを考慮すると、この会社は競争力を失っていました。それに経営会議が気づけなかった原因は、この見慣れた形式の P/L がサプライチェーンを分断し、工場内／外の活動を切り離していたからです。誰が悪いわけでもありません。いつまでも工場だけを売上原価として叩き、それ以外のコストや生産性を放置してきた P/L の形がいけないのです。そもそも「販売費および一般管理費（販売費）」なんて

ゴミ箱みたいで酷い名前だと思いませんか？

　なぜ販売費が、売上原価と一緒にならず、一般管理費と一緒にされているのでしょう？　少なくとも販売費を売上原価と一緒にすれば、サプライチェーンの分断はずいぶんと緩和され、販売費が積極的なコスト管理や事業戦略から漏れてしまうこともなくなります。どうして誰も「これじゃ、困ります」と言い出さなかったのか？　見慣れた P/L の形に誰が疑問を感じるべきだったのか？

売上高	売上高	売上高
－売上原価	－売上原価	－変動費
＝粗利	－販売費	＝変動利益
	＝粗利	
－販売費		－固定費
－一般管理費	－一般管理費	＝営業利益
＝営業利益	＝営業利益	
現状の P/L の形	**少し改良した P/L の形**	**戦う会計の形**

いわゆる会計専門家の方には、P/L を進化させ経営管理を進化させていく動機がなかったのかもしれません。日々、本気でコストと戦っている

誰かが「不便です！」と言わない限り、会計は進化しません

　だからこそ「不便です！」と声を上げましょう。そんなことすらできずに、サステナビリティ達成への遠く険しい道程を歩き通せるはずはないからです。

★21 世紀を生き抜く会社作りのヒント

今まで	コピペの会計は無力で、生き抜く力の喪失に繋がっていました
今後は	どうすれば生き残れるかを考え、必要な会計を工夫しましょう！

ヒント08

え、今の会計では費用管理すらできない？

費用管理とは、単に結果を集計するだけの作業ではありません。予め立てた計画と実績を比較して、適切なPDCAを回す必要があります（失敗には手当てし、成功はさらに伸ばしていく）。価格高騰と戦うならなおさらです。しかし今までの会計では、PDCAは全く回せませんでした。

▶▶「見せかけのコストダウン」との遭遇

少し異論のあるところかもしれませんが、社内で行われるどんな活動も、最終的には金額としてP/L（損益計算書）上に効果が現れなければ意味がないと私は思います。言い換えると、常にP/Lを見ながら、そこに効果が現れてくるように活動の方向性を修正し続けていく必要があるということです（そのためにP/Lを作るのですから！）。時代は変わり事業環境もどんどん変わっていきます。教育や躾の視点で行われる活動もあるとは思いますが、それだって、何十年も金額的に成果ゼロというわけにはいきません。

私は、元々はモノづくりの最前線でコストと戦う生産技術者でした。今から20年以上も前のある日、自分自身も参加したカイゼン大会で大きな成果が報告されていたにもかかわらず、

「会社の損益は何も変わっていない」

という経理の方のぼやきを聞きました。それ以来、カイゼンの成果や失敗を金額的に見える化する方法（同時に、見えぬ化する方法の実態も）を本気で研究しているうちに会計士になってしまったのです。そして今、改めてP/Lを見てみると、カイゼンをはじめとする全ての費用管理の成功や失敗を見えぬ化してしきた深刻な問題がたくさんあることに気がつきました。

▶▶従来のP/Lでは、費用管理が全くできなかった！

ある会社が、売上高100億円、売上原価90億円、売上総利益（粗利）10億円という予算を立てたとしましょう。1年後にP/Lを作り事業活動の実績を点検すると、売上高120億円、売上原価108億円、粗利12億円になっていました。売上が1.2倍、売上原価や粗利も1.2倍です。これをもって会社の費用管理は順調だったと判断してよいでしょうか。ここで「よかった、よかった」と胸をなでおろし、「事業は順調、問題なし！」とすませていたのが従来の会計専門家

や CFO の方々の経営管理だったように思います。

	〈予算〉	〈実績〉		〈アラーム〉
売上高	100	120	（＋20％）	
−売上原価	90	108	（＋20％）	なし
＝売上総利益	10	12	（＋20％）	なし

全てが 20 ％増なら、異常なしなのか？

　でも、現状の P/L のようなたった一行の売上原価では困ります。売上原価の内訳くらいは見ておかなければ、費用管理が上首尾だったかどうかはわかりません。そこで原価計算の知識を駆使して簿記の仕訳を遡り、なんとか費用の内訳を見える化できたとしてみましょう。これならどうですか？　結論は「異常なし」で大丈夫でしょうか？

	〈予算〉	〈実績〉		〈アラーム〉
売上高	100	120	（＋20％）	
−費用 A	35	45		？
−費用 B	20	24		？
−費用 C	15	15		？
−費用 D	5	5		？
−費用 E	15	19		？
＝売上総利益	10	12	（＋20％）	OK

内訳の見える化は重要、でもそれだけでは異常を発見できない

　費用の内訳を見てみると、予算と実績で金額が動いたものと動かなかったものがありました。異常値を発見するには、各費用が変動費なのか固定費なのかを明らかにし、固定費であれば金額の比較、変動費であれば単位原価の比較をしなければなりません。なぜなら、固定費はあらかじめ金額が決まっているものですし[※1]、変動費は金額ではなく単位原価で管理されるものだからです[※2]。つまり固定費と変動費では費用管理の方法が全然違うということです。ですから、変動費と固定費をきちんと分離しておかなければ費用管理はできません。それなのに費用が正しく分離されていない P/L の機能不全は、かなり深刻な状況なのです。これでは経営上の課題は発見できず手当ては不可能です。コストダウン活動（ゆくゆくは CO_2 の削減活動）だって絶対に成功しないでしょう。それにもかかわらず従来の P/L は全部原価計算によって変動費と固定費をゴチャゴチャにしてきたのでした。

（※1）　経営者から金額そのものの承認を受けているはず
（※2）　「製品 A は、単価 2000 円の主剤を 5 kg 使う」など、目標の単位原価が決まっているはず

そこで改めて、内訳が明らかになったそれぞれの費用を変動費と固定費に区分し直してみることにしましょう。

	〈予算〉		〈実績〉		〈アラーム〉
売上高	100		120		
−変動費A	35	(0.35)	45	(0.38)	過大
−変動費B	20	(0.20)	24	(0.20)	OK
−変動費C	15	(0.15)	15	(0.13)	過小
−固定費D	5		5		OK
−固定費E	15		19		過大
=売上総利益	10		12		

変動費と固定費を分離してはじめて異常が発見できる

　これではじめて、どの費用の管理に問題があったか明らかになります。例えば、ある「変動費」が過大だった場合（材料費やエネルギー費の高騰など！）、すぐに原因分析して行動修正しなければなりません。そうしなければロスは垂れ流しになるからです。「変動費」が過小だった場合は、何らかのミス（例えば投入忘れ）の可能性がありますが、それが本当のカイゼン成果だったなら、関係者の努力を労い、その水平展開を目指さなければなりません。

　「固定費」側に異常があった場合には、なぜ承認された金額から逸脱したのか調査しなければなりません。そこから費用統制上の重大な問題が発見されることがあります。固定費の「金額」がチェックできたら、次に費用を発生させている各経営資源（ヒト、モノ、カネ）の生産性の評価に移ります。仮にヒトの生産性が伸び悩んでいるなら、支援を考えなければならないからです。

▶▶日本のコストダウンは、本気ではなかった？

　日本が誇るカイゼンに「見える化」という言葉があります。それなのに管理方法が全く違う変動費（コスト）と固定費（経営資源）それぞれの見える化が励行されてこなかったことは悲劇です（①両者の混在、②コスト内訳が不明、③目標原価と実績原価のずれである原価差異が示されないなど）。今まで会計はどうやって費用管理をしてきたのでしょう？　どうして今まで、

「困ります！」と誰も言わなかったのか？

　それは、各社の費用管理やコストダウンが見かけだけだったことの動かぬ証拠です。言い換えれば、これからやれることはたくさんあるのです。そろそろ本気で会社を元気にしませんか？　「戦う会計」の力で！　今、改めて

実務と会計の両方が見渡せる人材

が、もっと必要だと感じます。

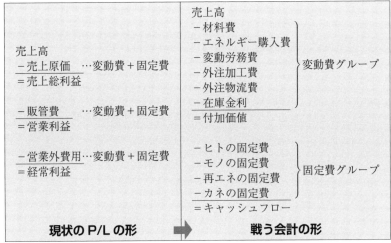

売上高
－売上原価　…変動費＋固定費
＝売上総利益

－販管費　…変動費＋固定費
＝営業利益

－営業外費用…変動費＋固定費
＝経常利益

現状のP/Lの形
これでは価格高騰と戦えない。
CO_2も減らせない。

売上高
－材料費
－エネルギー購入費
－変動労務費
－外注加工費
－外注物流費
－在庫金利
＝付加価値 〉変動費グループ

－ヒトの固定費
－モノの固定費
－再エネの固定費
－カネの固定費
＝キャッシュフロー 〉固定費グループ

戦う会計の形
あたり前のようでいて
今まで存在しなかった

21世紀を生き抜く会社作りのヒント

今まで 変動費と固定費の混在が、コストダウン失敗の重要な原因でした
今後は 変動費と固定費を分離しないと、CO_2の削減にも失敗します！

ヒント 09

え、今の会計では誰が頑張ったかわからない？

価格高騰で材料費に10の不利差異、現場の頑張りで変動労務費に10の有利差異が出たらどうすべきか？ 不利差異は対策を考え、有利差異はさらなる展開を目指したいと私は思います。しかし従来の工業簿記は、差異を相殺消去し経営課題を見えぬ化してしまっていたのです。

▶▶PDCA か？ DDDD か？
かつて私は「PDCA を回す」というフレーズが嫌いでした。

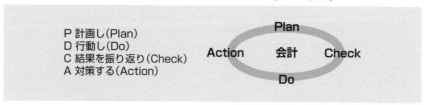

P 計画し(Plan)
D 行動し(Do)
C 結果を振り返り(Check)
A 対策する(Action)

Plan
Action 会計 Check
Do

というのは誰でもやっているはずのことです。そんな当たり前のことを、なぜ、わざわざ「PDCA」などというフレーズでことさらに言い立てなければならないのか？（皆さんはどう感じますか？）

しかし今、失われた30年を振り返ると、現実にはPDCAは全く回っておらず、会社は何度も何度も同じ失敗を繰り返しているのだということを知りました。残念ながら、様々なコストダウン活動やCO$_2$削減もまた然り……それは従来の日本の経営管理が会計を嫌い、PDCA（Plan-Do-Check-Action）ならぬDDDD（Do-Do-Do-Do）という精神論に陥っていたからです。原価計算に苦手感がある方もいらっしゃるかもしれませんが、今回は簡単な例題を紹介しますので、「どうしてPDCAが回っていないのか？」「どうすればPDCAがきちんと回るのか」を一緒に考えてみましょう。

▶▶工業簿記2級は、問題の見えぬ化に注力してきた
今回掲げたのは標準原価計算の問題です。文字数がやや多いですが、本当はとても簡単な問題ですので、頑張って模範解答を読んでみてください。どうしても難しければ、飛ばして結論に進んでも大丈夫です。

＜問題＞

標準原価計算制度を採用する当社の月次データに基づき、仕掛品勘定と製品勘定
を記入せよ。

◆製品1個当たりの標準原価
　　直接材料費標準単価　　　＠600円×標準消費量　　　15kg　＝9千円
　　直接労務費標準賃率　　　＠800円×標準作業時間　　5時間＝4千円
　　製造間接費標準配賦率　　＠500円×標準機械稼働時間　4時間＝2千円
　　製品1個当たりの標準製造原価　　　　　　　　　　　　　　15千円
◆製造データ　当月製造着手　300個　当月完成・販売300個、直接材料は全て始
　　　　　　　　　　　　　　点投入
◆原価データ　直接材料の実際消費額　3,000千円
　　　　　　　直接労務費の実際消費額　960千円
　　　　　　　製造間接費の実際発生額　680千円

＜解答＞

　まず仕掛品勘定の左側の括弧に、製品の製作に要した費用の実際発生額を順次
記入していきます。本問では材料費・労務費・製造間接費です。右側の括弧には、
完成した製品の標準原価を記入します。本問では1台当たりの標準原価（目標原
価と考えてよい）が15千円なので、300台で4500千円です。仕掛品勘定の左右
の差額から原価差異140千円が現れます。この原価差異が、当月の原価管理の失
敗額です。

仕掛品				製品			
材料費	(3,000)	製品	(4,500)	仕掛品	(4,500)	売上原価	(4,500)
労務費	(960)	原価差異	(140)		(4,500)		(4,500)
製造間接費	(680)						
	(4,640)		(4,640)				

＜計算＞
材料費の目標9千円×300個＝2700千円
　→実際の材料費3000千円（購買の失敗300千円）
労務費の目標4千円×300個＝1200千円
　→実際の労務費960千円（カイゼン成果240千円！）
間接費の目標2千円×300個＝600千円
　→間接費発生額680千円（固定費？　変動費？　費用のゴミ箱？）

　簿記が得意な方はスラスラ解けたと思いますが、その慣れこそが危険です。
「難しい……」と感じた方は、その感覚を大切にしてください。では何が難し
かったかと言うと、それは原価差異の考え方だろうと思います。本問の原価差
異は140千円の不利差異ですが、この差異は、実は3つの差異の合計でした。

①	材料費の 300 千円の不利差異 （急激な値上がりによる購買活動の失敗）
②	労務費の 240 千円の有利差異 （工場関係者のカイゼン活動による成果！）
③	製造間接費の 80 千円の不利差異 （変動費と固定費の混在による計算上の差異）
合計	原価差異の合計計算 －300 千円＋240 千円－80 千円＝－140 千円

　こうしてみると、どうやら購買活動に問題があったようです。事業のビジネス環境は世界的・構造的な変化に直面していましたが、会社は旧来のゼロ在庫とジャストインタイム購買にこだわりすぎたため、材料費の値上がりや円安に正しく対処できなかったのです。他方で、工場内のカイゼン活動は成果を上げていましたが、購買活動の失敗を完全にカバーすることはできなかったのでした。ところが経営者には原価差異の内訳が見えません。そこでこんな指示が出ました。「まだ工場の本気度が足りない。さらなるカイゼンとゼロ在庫を徹底せよ。行動（Do）あるのみ！」　ビジネスモデルの陳腐化に注意が払われることはなく、会社はいよいよ競争力を失っていったのでした。

これが今、実際に日本中で起こっていることです！

　従来の会計や簿記が、どれほど不公正で危険なものかを知ってください。

▶▶経営者自身に自社の問題が見えているのか？

　長年の慣行がなせることでしょうから誰を非難するつもりもありませんが、本問は従来の会計が辻褄合わせに終始してきた現実を如実に示すものだと感じます。あわよくば材料費の不利差異と労務費の有利差異が打ち消し合って消えてしまえばベストだなぁと。こうした見えぬ化に長けていることが、

会計専門家や CFO の腕の良さだと誤解されてきた

ように思います（それが簿記試験の問題にも表れている）。しかし本来の原価差異は事業活動を伸ばしていくための大切なヒントです。有利な差異なら水平展開しなければなりませんし、不利な差異なら繰り返さないよう対策しなければなりません。有利差異と不利差異が相殺して消え去ればよいというものではないのです（絶対に！）。そうでなければ、そもそも差異を計算している意味がない。従来の企業会計の世界では、これがどれほど危険な会計処理であるかがしっかり理解されていなかったようです。

不利差異が出たら？	→	原因分析し、再発を防止しよう 部門の業績評価は「△」次回は頑張って！
有利差異が出たら？	→	原因分析し、さらなる展開を目指そう 部門の業績評価は「○」どうもありがとう！

　現実に各社から公表されている P/L（損益計算書）には原価差異が全く示されていませんから、関係者の方々は費用のゴミ箱と化している製造間接費の配賦も動員し、経営課題の見えぬ化に励んできたに違いありません。

	仕掛品		
材料費	3,000	製品	4,500
労務費	960	原価差異	0
製造間接費	540		
	4,500		4,500

不都合な差異は、
①できる限り相殺消去
②残額は間接費配賦で見えぬ化
これで
「めでたし、めでたし！」
って、本当ですか？

▶▶サステナブルな経営を達成するために必要な PDCA

　会社の業績は、様々なステークホルダーの利害に関わるものですから、何でも赤裸々に見える化すべきとは思いません。しかし会社の内部では、どの活動が成功し／どの活動が失敗したのかを把握しなければ、適切な PDCA だって回せないはずです。会社できちんと PDCA を回していくには、やはり「戦う会計」がどうしても必要なようです。

21 世紀を生き抜く会社作りのヒント

今まで	成功や失敗をうやむやにしていたら、事業に明日はありません
今後は	成果も失敗もしっかりと受け止める「戦う会計」を作りましょう！

え、これが模範解答？　失敗隠しの元凶は工業簿記の慣行

会社経営を担うべく多くの方々が学ぶ簿記において、多額の原因不明費が容認され、そのバラマキ（配賦）による見えぬ化が模範解答として示されていることは驚きです。時代は変わりました。やり方を変えなければCO_2削減やサステナブルな経営が成功するはずはありません。

▶▶60〜100年間も進化が止まった原価計算と工業簿記

多くの方々が高騰する原価と戦っています。これらのコストダウンを成功させるためには、原価がどのように測定され、計算され、管理されているのかをきちんと理解した上で、日々の活動を組み立て、その成果が会社の損益に現れていることを確かめなければなりません。成果がP/L（損益計算書）上に現れてこなければ活動のやり方を修正しなければなりません。原価の内訳すら確かめずに

「一律〇％のコストダウン！」「一律〇％のCO_2削減！」

と指示を出し、活動の結果を会計で検証しようとしなかった古い経営管理やコンサルティングのあり方が日本のモノづくりをダメにしました。本当に本気でカイゼンやコストダウンやCO_2削減をやろうと思うなら、私たちは簿記2級程度の工業簿記を当たり前のように使いこなさなければいけないと思います。

ただし、簿記も60〜100年以上前から進化が止まっています。ですから簿記を学ぶ時には、経理の常識や教科書の知識を鵜呑みにするのではなく

「21世紀の原価管理はどうあるべきか？」

という意識をしっかり持って取り組んでいただきたいのです。

▶▶工業簿記2級の問題を、実際に見てみよう

今回も工業簿記2級の問題の実例を掲げてみます。簡単な例題なので、解答の流れを辿りながら、そこにどんな課題（改良できること）がありそうかを一緒に考えてみてください。もし難しければ、すぐに結論に進んでも大丈夫です。

＜問題＞

以下の資料に基づき、原価計算表を完成しなさい。なお、製造間接費の配賦基準は機械運転時間である。

(1) 材料の当月消費額
　No.1　65,040 円／No.2　80,160 円／番号不明額　49,200 円
(2) 賃金の当月消費額
　No.1　89,520 円／No.2　102,960 円／番号不明額　90,720 円
(3) 経費の当月消費額
　No.1　18,720 円／No.2　　　　0 円／番号不明額　11,280 円
(4) 各製品の機械運転時間
　No.1　432 時間／No.2　288 時間

＜解答＞

番号不明額の合計　151,200 円
機械運転時間の合計　720 時間
機械運転時間当たりの単価 151,200 円÷720 時間＝210 円

No.1 への配賦
　210 円×432 時間＝90,720 円
No.2 への配賦
　210 円×288 時間＝60,480 円

	No.1 の原価	No.2 の原価	合計
直接材料費	65,040	80,160	145,200
直接労務費	89,520	102,960	192,480
直接経費	18,720	—	18,720
製造間接費	90,720	60,480	151,200
合計	264,000	243,600	507,600

★感じるべき疑問①／番号不明額が存在してよいのか？

　本問では、工程で発生した様々な費用（直接材料費〜直接労務費〜直接経費）は No.1 の製品と No.2 の製品に集計され、それぞれの製造原価が計算されています。ここで疑問を感じていただきたいのは、各費用に多額の番号不明額が存在していることです。現場で多くの方々が1分1秒のムダ取りをし、1円単位でコストダウンを積み上げている一方で、会社全体でこんなに多額の番号不明額が容認され、ほったらかしにしていたら（それが現実なのですが……）、現場の努力は台なしです。

★感じるべき疑問②／番号不明額は配賦されるべきものなのか？

　次に疑問を感じて欲しいのは番号不明額の扱い方です。本問では、番号不明額を全て合算し、機械運転時間で製品No.1、No.2に配賦するという計算が模範解答となっていますが、これらの番号不明額は製品No.1、No.2が負うべきものだったのでしょうか？　本来なら、できる限り番号不明額の発生原因を解明する努力をし、再発を防止しなければなりません。もしそれが工場全体の管理の失敗であったなら、無実の製品に押し付けるのではなく（！）、ある種の管理費として別途計上すべきでしょう。なぜなら、製品原価に加算するということは、巡り巡ってお客様に失敗の責任を転嫁する（代価を支払わせる）ことでもあるからです。そんなことをしていたら、製品はお客様から支持されなくなります（売れないということです）。

★感じるべき疑問③／配賦基準は機械運転時間でよかったのか？

　さらには、3種類の番号不明額を合計し、機械運転時間という単一の基準で按分する計算構造にも疑問を感じていただきたいと思います。原因不明で行先のない費用（本問のような番号不明額や、生産活動と因果関係のない真の固定費など）をいい加減な配賦基準で各製品にバラ撒き、蓋をし、見えぬ化するというのが原価計算の定石になってしまっていますが（本当に深刻な問題です！）、こうした姿勢が、日本の失われた30年を作り出してしまったのです。

▶▶ナンチャッテ簿記、変動費と固定費の混同も……

　たかが簿記試験の問題だと思われるかもしれません。しかし意欲を持ち経営活動の中核を担おうと志す方々に示される「模範解答」がこの有様では、日本経済は復活しません。本問にはまだまだ多くの不備があります（仮に、番号不明という設定がなかったとしても！）。それは、今日の会計の最大の問題点、即ち変動費と固定費の混同と混在です。

　おそらく本問（あるいは日本中の原価管理の現場）において

> **「直接材料費・直接労務費・直接経費＝変動費」として想定され**
> **「製造間接費＝固定費」として想定されているケースが多い**

と感じます。しかし現実には、直接労務費は正社員が担う固定労務費であるケースが多いです。その固定労務費の一部だけを切り出して製品No.1、No.2の製造原価とし、日本中で行われているカイゼン活動によって工数削減に励んでも無意味です。なぜなら、この固定労務費の作業時間以外の部分は、最終的には製造間接費に放り込まれ（番号不明額と同じ扱い）、他の固定費と合算され、不適切な基準（機械運転時間など）で配賦されて、製品No.1、No.2の製造原価

に戻ってくるだけだからです（しかもこの計算構造が、製造間接費を介することで見えぬ化されている！）。

　さらに悪いことには、直接材料費・直接労務費・直接経費・製造間接費といった原価の内訳すら、合計転記で見えなくなります。この計算構造を放置する限り、どんなにカイゼンをやっても製造原価は1円も削減されないのです。

▶▶サステナブルな経営が目指すべき原価計算とは？

　真のコストダウンやCO_2削減を成功させるための原価計算（簿記）とは

> ① 管理目的の異なる変動費と固定費をしっかり分離したもの
> 　（直接費と間接費の分離ではなく！）
> ② 行き先不明額や固定費の理不尽な配賦を行わないもの
> ③ 変動費の内訳（材料費／変動労務費／変動経費）を見える化したもの

でしょう。これは経営として当然のことであり、かつて私自身が現場でカイゼン活動に取り組もうとした時から「どうしても必要だ！」と感じてきたことです。原材料やエネルギーの価格高騰がいよいよ厳しさを増している昨今、

> **本当に本気で費用と戦う覚悟の方はいませんか？**

21世紀を生き抜く会社作りのヒント

今まで　配賦計算の乱用による異常値の見えぬ化が、古い会計の目標でした
今後は　異常値を明示し、原因分析と対策を徹底しなければなりません！

衝撃！ 日本30年の停滞の原因は会計だった

　第2合目を読んで、「サステナブルな経営を目指すにしては奇妙なスタートだ」と感じた方もいたかもしれません。しかし、今改めて会計の現状の深刻さについて考えてみてください。本来の会計は、現状を把握し、計画を立てて実行し、その結果を把握して対策するためのものです。その会計が機能していないとすれば、国内の企業経営も勘と気合の竹槍経営に陥っているということになります。実際、日本中でコストダウンや生産性向上が成功しない、物価高騰と戦えない、本来勤勉な日本の生産性が先進国最下位となってしまった、日々の努力が賃上げに繋がらない、世界の経済成長を尻目にGDPは伸び悩んでいる、株価が一向に上がらず年金も崩壊しかけている等々、問題は山積です。それらの原因は会計だったのです！

　こうした足許の問題が解決できなければ、サステナブルな経営が達成されることもありません。言い換えれば、サステナブルな経営とは、殊更に新しい何かを始めることではなく、まずは会計を再生して基本的な問題をきちんと解決すること、そこから全てが始まります。そして会計再生の最初の一歩は変動費と固定費の分離の徹底です。それは事実と事実ではないもの（見積もり・推定・仮定）の分離の徹底でもあります。そんな大原則が見失われていたのは、従来の会計専門家の方々が実務から遠かったからかもしれません。そんな古い会計の常識をそろそろ卒業し、変動費と固定費の分離からやり直してみませんか？　それが21世紀を生き抜く経営の大前提であり、「戦う会計」への入り口なのです。

そうだったのか！

ガリレオ・ガリレイ

第3合目

21世紀を生き抜く羅針盤！
生き残るために必要な会計の形

　今日、社会人としての常識あるいは教養にすらなっている会計や簿記の形に疑問を持つのは難しいことかもしれません。それは400年前の人々が、当時の常識だった「天動説」を疑えなかった状況にも似ています。ところで私は、会計士であると同時に技術者であり工場経営者でもありました。この異常なキャリアゆえに、会計の世界にも「天動説」とでも呼ぶべきものがあることに気づいてしまったことが私の苦難の始まりです。でも、これから本気でサステナブル経営を目指すなら、古い「天動説」の限界と新しい「地動説」の可能性の理解は MUST です。

　ところが会計は数字の羅列ですから、古い会計の問題を皆さんに伝えることは容易ではありませんでした。その一方で、現場を知らない会計専門家の方々に、「戦う会計」の可能性を理解していただくことも難しかったのです。

実務と会計の両方を見渡せる人がいなかった

という日本の現実が、会計の進化を止め、事業を弱体化し、30年間にもおよぶ経済停滞の原因になってきました。

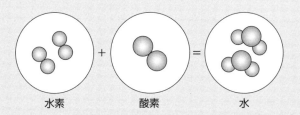

水素　＋　酸素　＝　水

専門家が理解していない！　会計が先端工場を止めている

今日の会計の世界は、多くの教科書的な知識や教養や常識のコピペで溢れています。これらの常識にあまりにも慣れすぎてしまっていることで生じている危険な状況について、少し具体的な数字を使いながら、理解を進めることにしましょう。

▶▶会計が誤っていると、私たちも誤った方向に進んでしまう

昨今、極めて厳しい状況にある国内経済ですが、コストダウンや生産性向上やサステナビリティを目指してやるべきことはたくさんあります。それは、あるべき会計の形を考える過程で見えてくるものです。会計に苦手意識がある方は少なくないと聞きますが、実はそれは、従来の会計が時代遅れとなり役に立たなくなっていたからでした。時代遅れの知識は難解ですし、

役に立たない知識が面白くないのは当然です！

そもそも私たちは会計から逃げられません。なぜなら私たちの日々の活動は会計で目標設定され、業績評価もまた会計でなされるからです。一見地味な会計の形が、知らず知らずのうちに

私たちの行動を決め、社会の姿を決めています

会計が誤っていれば、事業も社会も誤った方向に進んでしまうのです。もちろん、サステナブルな経営や社会が実現されることもありません。これからサステナブルな経営の実現に必要な「戦う会計」について考えていく前に、従来の会計が引き起こしてきた問題について、具体的な事例で確認しておきましょう。

▶▶固定費の配賦が引き起こしてきた弊害

簿記を学ばれた方はご存じだと思いますが、従来の損益計算は「全部原価計算」で行われてきました。全部原価計算とは、工場で発生する変動費と固定費の全部で原価を求め損益計算を行う方法です。まず変動費で製造原価を計算し、そこに固定費を配賦していきます。厳しい環境の中、原価管理の厳密化が指向され、固定費の精密な配賦計算を指示する会計専門家が多いと聞きます。しかしながら固定費とは、①変動費とは全く異なるタイミングで、②全く異なる管

理責任の下、③全く無関係に発生するものですから、固定費の配賦計算には全く合理性がありません。そして固定費と変動費の混在が、コストダウンや生産性向上の失敗の直接的な原因になってきたのでした。

▶▶事例１……どの製品を作ったらよいかわからない！

　例えば、ある工場では３つの製品（製品Ａ、Ｂ、Ｃ）を生産していました。どの製品も固定費の配賦前なら黒字で、固定を負担しても工場全体では黒字だったのですが、厳しい経済環境の下、各製品の収益性をきちんと計算するよう指示がでました。そこで固定費の精密な（！）配賦が試みられたのです。すると製品Ａが赤字になりました。当然会社はその生産を中止します。次に製品Ｂが赤字になりました。製品Ａが背負っていた固定費が回ってきたからです。そこで会社は製品Ｂの生産も中止しました。結果的に全ての固定費が製品Ｃに配賦されることになり、製品Ｃも赤字になりました。会社は製品Ｃも生産を中止し工場を閉鎖しました。何か変だったと思いませんか？

	製品A	製品B	製品C	合計
売上高	1,000	1,200	1,800	4,000
－変動費	900	1,000	1,300	3,200
＝変動利益	100	200	500	800
－工場固定費				600
＝損益				200

STEP1
固定費配賦前は、工場全体で黒字
➡「きちんと収益性を判断せよ！」

	製品A	製品B	製品C	合計
売上高	1,000	1,200	1,800	4,000
－変動費	900	1,000	1,300	3,200
＝変動利益	100	200	500	800
－工場固定費	150	180	270	600
＝損益	▲50	20	230	200

STEP2
固定費を配賦したら、製品Aが赤字
➡「製品Aの生産を中止せよ！」

	製品A	製品B	製品C	合計
売上高	－	1,200	1,800	4,000
－変動費	－	1,000	1,300	3,200
＝変動利益	－	200	500	800
－工場固定費		240	360	600
＝損益		▲40	140	100

STEP3
今度は、製品Bが赤字
➡「製品Bの生産を中止せよ！」

	製品A	製品B	製品C	合計
売上高	－	－	1,800	4,000
－変動費	－	－	1,300	3,200
＝変動利益	－	－	500	800
－工場固定費			600	600
＝損益			▲100	▲100

STEP4
今度は、製品Cが赤字
➡「製品Cの生産を中止せよ！」

これが原価計算の現実です

	製品A	製品B	製品C	合計
売上高	1,000	1,200	1,800	4,000
－変動費	900	1,000	1,300	3,200
＝変動利益	100	200	500	800
－工場固定費	75	150	375	600
＝損益	25	50	125	200

（補足）
変動利益に応じた固定費配賦をすれば、全製品を黒字にできる。しかしそれでは形式的に配賦しているだけで、結論はSTEP1と変わらず計算の意味がない。

▶▶事例2……どの工場を動かしたらよいかわからない！

　別のある会社には2つの工場がありました（東京工場と横浜工場）。両工場とも原価構成が同じ老朽工場で、労災の危険性があったため、本社は両工場の設備更新を決定しました。そしてたまたま横浜工場から実施したのです。この設備更新で横浜工場の労災リスクが軽減されただけではなく、材料歩留も大幅に向上しました。会社全体の損益改善のためには、歩留まりの良い新鋭工場こそフル稼働すべきだったのは言うまでもありません。しかし実際にフル稼働になったのは老朽化した東京工場の方でした。なぜ、そんなことが起こったのか？それは横浜工場の製品に、設備投資に伴う固定費（減価償却費）が配賦されてきたからです。製造原価の悪化を嫌った営業マンは、固定費の配賦のない東京工場を好んで指名したのでした。

	東京工場	横浜工場			東京工場	横浜工場
変動費	1000 円	1000 円	➡	変動費	1000 円	800 円
固定費配賦	0 円	0 円		固定費配賦	0 円	1000 円
製造原価	1000 円	1000 円		製造原価	1000 円	1800 円
一般管理費	＊＊＊＊円			一般管理費	＊＊＊＊円	

横浜工場の製造原価を増やしてしまった減価償却費は、
製造原価として配賦されるべきものだったのだろうか？

　これらは配賦によって変動費と固定費を混ぜたことによる典型的な失敗例です。配賦が、収益力のある製品を生産中止に追い込み、歩留まりの良い新鋭工場を遊ばせてしまうのです。同様の事例は多くの会社で見られます。ある会社では高機能の新オフィスが嫌われ老朽オフィスが大人気という椿事がありました。別の会社では手が空いた専門家が活用されずブラブラしている事例がありました。仕事を頼むと労務費を配賦されるので使いたくないというのです。このように人や生産設備を「コスト扱い」して配賦の対象にすれば、結果として資源を遊ばせてしまうことになります。ですから配賦など止めてしまえば、新鋭工場も、ピカピカのオフィスも、優秀な人材も、もっと歓迎され、積極的に活用されるようになるでしょう。そもそも原価計算や会計ってなんのためのも

のでしょう。動かすべき工場や、作るべき製品が

わからない原価計算に、存在価値はありません！

▶▶スピード経営とサステナビリティへの道

　固定費配賦とはきわめて不透明なものです。固定費（≠間接費です！）の配賦には合理性がありません。それは往々にして社内政治の影響を受けて決定され、ブラックボックス化しやすいものです。知らぬ間に配賦が増やされていたりします。そして固定費の配賦には時間もかかります。1年間の実績を締めなければ配賦計算はできませんし、配賦計算が完了する頃には、既に新しい期が走り出しているでしょう。ですから新しい配賦計算が原価に反映されるのは1年半から2年も経った後なのです。変化の激しい時代、こんなことでは柔軟で迅速な意思決定ができません。最近流行りのDXをやっても経営はアジャイルになりません。ロスがあっても垂れ流しになり、ビジネスチャンスもつかめません。こんな状況を放置していたら、

サステナブルな経営など夢のまた夢です

　固定費の配賦計算など、社内政治の話なのですから、後でゆっくりやればすむことです。変動費と固定費をしっかり分離し、変動費だけで原価管理をするならリアルタイムのスピード経営が可能になります。経営資源の無駄は解消されて環境負荷が軽減され、生産性と競争力も回復していきます。変動費と固定費の分離は、経済と環境を両立させ、脱炭素やサステナビリティを達成していくために、どうしても避けて通れないことなのです。

21世紀を生き抜く会社作りのヒント

今まで	固定費を配賦しないと収益性がわからないと信じられてきました
今後は	固定費を配賦するから収益性がわからなくなっていたのです！

専門家が理解していない！　固定費と間接費の違い

> 「変動費と固定費を分離すべき」という主張は目新しいものではありません。全部原価計算へのアンチテーゼとして直接原価計算が提案された80年前から存在する議論です。しかしこの「直接原価計算」こそが真の失敗の原因だったことはほとんど知られていません。

▶▶全ての会計的失敗の原因がここにあった！

　変動費と固定費の分離が重要だと申し上げてきました。しかし現実には両者はゴチャゴチャになっていて、費用管理の失敗、コストダウンや生産性向上の失敗、事業計画の失敗に繋がっている事例が多いのです。この状況を解消しなければサステナブルな経営を達成することはできません。変動費と固定費を区分しない経営は、目をつぶったまま車を運転しているような経営です。これほど深刻な問題を、専門家の方々は、今までなぜほったらかしにしてきたのでしょうか？　実はそこには、

「変動費／固定費 ⇔ 直接費／間接費」の混同があった

ようなのです。以下、両者の違いを説明しますので、混乱しないよう、ゆっくりと読んでみてください。

▶▶変動費≠直接費、固定費≠間接費であることに注意！

　まず「変動費」は、生産販売量の増減に比例して増減する費用です。なぜ比例して増減するかと言えば、都度外部から取り入れられ消費されるものだからです。当然、管理の方法は活動単位あたりの原価の管理ですし、管理の目標はなるべく使わないことです。これを「コストダウン」と呼びます。これに対して「固定費」は、生産販売量の増減にかかわらず発生する費用です。なぜ増減にかかわらず発生するかと言えば、それが初めから社内に存在する経営資源だからです。固定費の管理の方法はあらかじめ経営者が決めた金額が遵守されているかどうかの確認と、各経営資源が有効活用されているかを知るための生産性の測定です。当然、管理の目標は、しっかり使うこと、すなわち「生産性の向上」ということになります。

(2050年)	**変動費** (化石燃料の管理手法)		**固定費** (再エネの管理手法)
発生様態	事業活動量に比例して 増減する費用	⇔	事業活動量に比例して 増減しない費用
取得責任	現場の担当者にある	⇔	経営者にある
発生時期	日々発生 (迅速なPDCAが必要)	⇔	月次や年次で発生 (関係者でじっくり話し合う)
管理方法	単位原価(比率)の管理	⇔	承認された金額との比較 生産性の測定
管理目標	コストダウン (なるべく使わない)	⇔	経営資源の生産性向上 (しっかり使う)

　変動費／固定費に似た区分に、直接費／間接費という区分があります。「直接費」とは、個別の製品の生産活動と直接紐づく費用であり、「間接費」は直接紐付かない費用です。こう説明すると、直接費≒変動費、間接費≒固定費だと思われるかもしれません(実際に、そのように認識されているようです)。確かに多くの材料費は直接費であり、同時に変動費でもあります。いわゆる「間接部門」の費用は固定費です。

	直接費	間接費
考え方	個別の製品の生産活動と直接 紐づく費用	個別の製品の生産活動と直接 紐付かない費用
具体例	製品Aの生産に投入した 2kgの原料B、3個の部品C	工場全体で消費される消耗品 工場全体で消費される電気代

　でも、例えば固定労務費を背負った正社員が特定製品の生産活動に従事した場合、その作業は直接費の１つである直接労務費として処理されます(固定費なのに！)。他方、例えば生産活動を行えば行うほど消費される電気代があった場合、それは間接経費として処理されます(変動費なのに！)。結局のところ、変動費／固定費という区分と、直接費／間接費という区分は全く別のものなのです。しかし現実には、直接費≒変動費だと誤解されてきたことが、多くの会計的・経営的な混乱と失敗の原因になってきたのでした。

変動費と固定費 ➡ 費用の「発生の仕方」に基づく区分です
直接費と間接費 ➡ 費用の「測定の仕方」に基づく区分です

▶▶直接費と間接費の再整理

　私は変動費／固定費と、直接費／間接費を以下のように整理し直しています。まず変動費とは、生産販売といった活動量の増減に比例して増減する費用でした。代表的な変動費は材料費（価格高騰中！）ですが、電気代や外注加工費、アルバイトを使っているならその労務費も変動費でしょう。変動費は単位原価で管理される費用ですから（製品1個に使ってよい主原料 220 kg、標準作業時間は 35 分など）、活動量に対応させて消費量を毎日測定しなければなりません。使い過ぎがあれば（原料を 10 kg 多く使ってしまった！　作業時間が5分超過した！）、すぐに原因を分析し対策するためです。しかし全ての消費を個別に測定することは現実には困難ですから、重要性の低い変動費については全体の消費だけを測定し、事後的に個別の製品原価に間接的に割り振ることになるでしょう。これが本来的な意味での間接費であり、間接費の配賦です。

$\begin{cases} 変動費 ≒ 直接費 \\ 固定費 ≒ 間接費 \end{cases}$	$変動費\begin{cases} 直接的に測定される変動費が「直接費」 \\ 間接的に測定される変動費が「間接費」 \end{cases}$
	固定費
従来の理解	**あるべき理解**

▶▶費用を、どのように管理していきたいのか？

　変動費／固定費、直接費／間接費……　細かい話だなぁと思われたら困ります。これらの区分は、結局のところ皆さんが様々な費用をどう管理したいかということだからです。徹底的なコストダウンを目指す費用は変動費です。コストダウンをする以上、目標原価を決め、実際の消費を測定し、差異があれば原因を分析し、対策しなければなりません。それが「直接費」になります。とはいえ、全ての変動費について消費を測定し差異分析するわけではないでしょう（手間とお金がかかります）。些末な費用なら大雑把な管理で済ませることもあります。これが本来の「間接費」です。一方、固定費は金額が決まっているので、月次等で逸脱がなかったことだけを確かめ、併せて生産性の向上を図っていく費用です（ヒト・モノ・カネに関わる固定費が代表的）。当たり前といえば、当たり前。もし変動費／固定費、直接費／間接費がきちんと区分されていない現場があるなら、それは本気で費用と戦っていなかった証拠です！

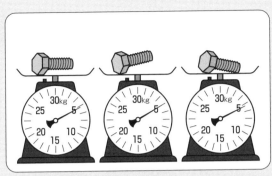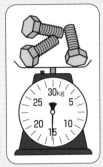

個別にはかれば直接費、まとめてはかれば間接費

▶▶サステナブルな経営に向かうための準備

　これからサステナブルな経営に向かうためには、コスト（変動費）と経営資源（固定費）をそれぞれどのように管理していくのかをきちんと決めておかなければなりません。その前提として変動費／固定費、直接費／間接費の混乱を解消しておく必要もあります。そのために、今まで慣例的に用いられてきた会計的な名称のいくつかは変更しておかなければならないでしょう。

① 「直接原価計算」➡「変動費原価計算」

　直接原価計算と呼ばれる原価計算は、変動費による原価計算を目指したものだと認識されていますが、その名称ゆえに直接費と変動費の混同の原因になってきました。費用区分の混同を解消するには直接原価計算という名称の使用を止め、変動費原価計算（あるいは直接原価計算以外の何か）に変更する必要があります。

② 「直接部門／間接部門」➡「変動費発生部門／一般管理部門」

　変動費が発生する製造部門などが「直接部門」と呼ばれ、変動費が発生しない一般管理部門が「間接部門」と呼ばれてきた慣行もまた、間接費と固定費の混同の原因でした。費用名称の混同を解消するには、直接部門／間接部門という名称を安易に使わないことが大切です

21世紀を生き抜く会社作りのヒント

今まで 費用区分の混乱が、費用管理の失敗の重要な原因になってきました
今後は 本気で費用と戦うなら、費用区分や慣例的名称の整理が必要です

専門家が理解していない！　会計の基礎はガタガタだった

変動費と固定費の区分が重要ではないと言う会計関係者は 1 人もいないはずですが、実際にどうやって変動費と固定費を見わけ、分離するのか（これを固変分解と呼びます）ということになると様子が変です。常識という名の闇の深さを感じます。

▶▶「そんなことは常識だ！」と言われてきた非常識

　全ての会計的テーマにおいて、変動費と固定費の区分は大切なものです。区分管理しなければコストマネージメント（費用管理が計画通りに行われているかどうかを把握するという意味で）やコストダウン（資源価格の高騰で、昨今の経営環境は本当に厳しくなりました）は成功しません。経営資源の生産性向上や人材育成にも失敗します。計画は立てられず、サステナブルな経営は達成されないでしょう。ですから変動費と固定費の区分が重要ではないと言う会計専門家はいないはずです。ここまで読み進んできてくださった皆さんも「そんなことは常識だ」と感じていたかもしれません。ところが、立派な建て前はともかくも、実際にどうやって変動費と固定費を見わけ、分離するか（これを固変分解と呼びます）ということになると、なんだか様子が変なのです。

▶▶その①：固変分解の説明に感じる違和感

　多くの簿記や会計のテキストで、固変分解の方法として「高低点法」や「最小二乗法」というものが紹介されています。これは売上高と費用発生額の実績値をグラフ化し、その解析結果から変動費と固定費を事後的に見わける方法です。しかし変動費と固定費は、管理目標（なるべく使わない vs しっかり使う）も管理方法（比率で管理 vs 金額で管理）も全く異なるものですから、本来は事前に区分しておかなければならないものであり（費用Ａは比率で管理しコストダウンに努めよう！　費用Ｂは金額が動かないのでしっかり活かして生産性向上を図ろう！　等々）、事後的な固変分解などあり得ないはずです。仮に、事前に固変分解されていないという状況があるなら、それは費用管理の放棄に等しく、昨今高騰している原材料費やエネルギー費と戦うことは不可能です。

（補足）生産活動量と直結しない販売費であれば「高低点法」や「最小二乗法」を適用すべき場面があります。また、しばしば質問をいただくのですが、1 つの費用（例えば電気代）を変動費部分と固定費部分にわけることは問題ないと思います。

▶▶その②：勘定連絡図に感じる違和感

　工業簿記を勉強すると「勘定連絡図」が出てきます。伝統的な勘定連絡図に従うなら、全ての製造費用は、直材料費・直接労務費・直接経費・製造間接費の４つに区分されます。このうち３つの直接費が各製品の製造原価として直接集計された後、残った製造間接費が各製品の製造原価に配賦されていくという計算の流れになります（全部原価計算）。一方、変動費と固定費の分離を重視する立場からは、間接費を配賦しない「直接原価計算」が提唱されます。これは変動費のみによる製造原価計算として説明されるものですが、勘定連絡図の視点で見ると、直接費のみを集計し、製造間接費は配賦しない計算の流れとなっています。ここから言えるのは、多くの会計専門家が「直接費だけの計算＝変動費だけの計算」すなわち

「直接費≒変動費」であると見做してきたらしい

ということです。しかしこれまでも何度か指摘してきたように、変動費／固定費という区分と直接費／間接費という区分は全く別のものなのです。

（補足）例えば原材料は本質的に変動費ですが、一部は直接材料費となり残りは間接材料費（製造間接費）となります。他方、固定労務費は固定費ですが、一部は直接労務費となり残りは間接労務費（製造間接費）となります。

▶▶その③：ABC に感じる違和感

　厳しい経営環境の中、精密な原価計算の方法として ABC（Activity Based Costing）という配賦計算の有効性が喧伝されることがありますが、これにも違和感があります。ABC で取り上げられる配賦計算の例では、しばしば水道光熱費などが扱われるのですが、これは多くの工場で製造間接費でありながら変動費でもある費用です（間接変動費）。水道光熱費が ABC に馴染むのは、それがあくまでも変動費（生産活動との関連で増減する費用）だからです。ですから、その事実をもって本当の固定費（間接変動費ではなく！）まで ABC に馴染むと主張するのは洞察に欠けた議論です。

　「固変分解を徹底し、本当の固定費の配賦は止めましょう！」と申し上げると、「配賦しないと固定費管理ができずに困ります」と言われることがあります。でも考えてみて下さい、配賦されない固定費は既に存在しています（販管費など）から、同じ管理をするだけです。むしろ配賦される固定費と配賦されない固定費の併存が多くの問題を起こしています。

▶▶誰も本気でなかった？　やる気が感じられない！

　変動費と固定費をしっかり区分しなければ、コストマネージメントやコストダウンは失敗します。立派な建て前にもかかわらず、直接費と変動費、間接費と固定費の違いという

基本事項すら整理されてこなかった会計の課題

は、多くの会計専門家が本気で費用管理に向き合っていなかった証拠なのかもしれません。結果として、今日の会計の基本構造は100年前のまま。日本の経営セオリーも古いまま。

今どき、100年間も進化が止まっているものは珍しい

　本当の専門家がやるべきことは、古い知識をたくさん暗記してコピペを繰り返すことではなく、豊かな知識を踏まえた上で、これからの経済社会や事業を支える「戦う会計」の形を提案していくことではないでしょうか？

▶▶本当にサステナビリティを目指すなら、まず会計を変えよう！

　従来の常識的な勘定連絡図は、費用を直接費と間接費にわけるところから始まりますが、本来あるべき姿は、変動費と固定費をわける作業を最初に行い、その後で変動費を直接変動費と間接変動費にわけるという流れです。

これが、真に変動費と固定費を区分管理するということです

もし今回の話が難しかったら、経理の方と一緒に読み直してみてください。皆さんが別々に取り組んでいた時には見えなかったたくさんの宿題が必ず見えてきます。費用高騰との戦い、生産性の向上、脱炭素の実現、サステナビリティの達成…、その全ての場面で会計が登場します。より良い未来を創るためには、より良い会計が絶対に必要なのです。

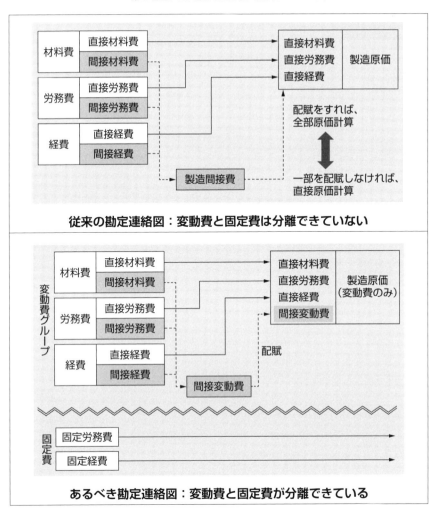

従来の勘定連絡図：変動費と固定費は分離できていない

あるべき勘定連絡図：変動費と固定費が分離できている

21 世紀を生き抜く会社作りのヒント

今まで 簿記試験で教えられてきた知識には、多くの誤りがありました！

今後は 固定費配賦と間接費配賦が同じではないことに注意しましょう

コストダウンや生産性向上の失敗も、会計が原因だった！

日本中の会社がコストダウンに取り組んでいますが、思うように成果が出ないという話もよく聞きます。いったいどんな問題が日本のコストダウンを見せかけの活動にしてきたのかを理解し、対策しなければ、会社が21世紀を生き抜くことはできません。

▶▶これからは、正しい会計で戦おう！

　脱炭素とは、化石燃料にもプラスチックにも頼らずに事業活動を維持するという壮大な目標です。その困難な道程を歩き通すには「正しい会計」が不可欠ですが、既存の会計は必要な役割を果たせていませんし、現場から遠い従来の専門家の方々には問題の所在すら理解できていなかったようです。そこで今回は、改めて

コスト／生産性／CO_2 と戦うために必要な会計

の基本について整理してみたいと思います。

▶▶変動費と固定費を分離する

　こんなことを書かなければならない現実が残念ですが、全ての経営的活動はPDCA（Plan ➡ Do ➡ Check ➡ Action）の繰り返しです。脱炭素やカイゼン、コストダウンもまた然り。勘と気合の竹槍経営に陥らないためには Plan と Check の場面で会計を使わなければなりません。まず Plan は、①売上高、②変動費、③固定費のそれぞれについて行います。変動費と固定費をわけるのは、前者が売上高に比例する費用であり、後者が売上高とは無関係に（経営者が承認した通りの金額で）発生するはずの費用だからです。従って Check（計画と実績の比較）もまた変動費と固定費を区分して行わなければなりません。両者を混ぜれば異常値が発見できないからです（ヒント8参照）。

　「売上高」と「変動費」は毎日発生するものですから、できれば毎日 Check しなければなりません。そうでなければ異常があっても発見が遅れ、ロスが垂れ流しになるからです。脱炭素においては、化石燃料やエネルギーの外部購入費が重要な変動費となるでしょう。その一方で「固定費」は承認された金額の通りに発生するはずの費用ですから、月次で Check すれば十分で、承認金額からの逸脱の有無と、固定費が支える経営資源（人、生産設備、再エネなどの固

定的な契約、資本構成など）のパフォーマンス（これを生産性と呼びます）の測定を行います。生産性の良否に応じた指導や支援、あるいは経営資源を手放したり／追加取得したりしなければならないことがあるからです。

▶▶固定費を配賦しない

　変動費と固定費の正しい分離を目指す時、重大な障害になるのが固定費の配賦です。固定費を配賦しないと製品の収益性がわからないという意見は根強いですが、その考え方は間違っています。

理由①：固定費の配賦を「費用収益対応の原則」で説明する専門家の方が多いですが、売上高および変動費と固定費は全く違うタイミングで発生するものであり、両者を適切に対応させることは不可能です。固定費（≠間接費）を無理に配賦すれば数字は暴れて使い物になりません。実際に原価計算失敗や誤った経営判断の原因になっています（ヒント11参照）。

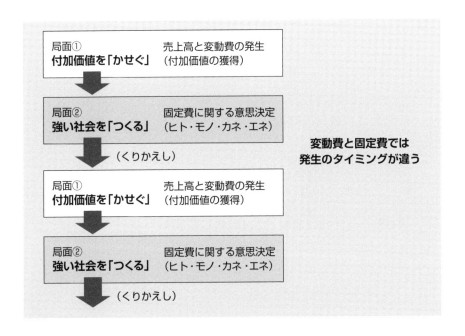

理由②：社内には配賦されない固定費が元々多額に存在します（例えば販管費）。昨今の事業活動の高度化で製造原価と販管費の境界は曖昧になりました。そんな中、配賦される固定費と配賦されない固定費の併存が費用の逃げ回りを助長し、費用管理の失敗の重要な原因になっています。

理由③：固定費配賦の重要性を主張する方々は、しばしばABC（Activity

Based Costing）という手法を持ち出します。その例示に使われるのは多くの場合に水道光熱費ですが、水道光熱費が ABC に馴染むのは、それが固定費ではなく間接費（変動費の一種としての間接費）だからでしょう。古い会計専門家の議論が迷走するのは、固定費と間接費をゴチャゴチャにしているからです。

▶▶固定費配賦の問題に関するもう 1 つの視点

固定費配賦（≠間接費の配賦）に関するもう 1 つの問題点は、それがある種の判断（見積もりや利害調整）に基づく数字処理であるということです。見積もりや利害調整を経て経営者（会社の意思決定者）に伝えられる数字は、結果的に事実とは異なったものになります（正確さの不足）。また、見積もりや利害調整には時間もかかります。多くの会社で年次予算の編成や決算に長時間を要するのは、それが単なる事実の集計ではなく、見積もりや利害調整を経るものだからです。結果的に経営者はリアルタイムで状況把握することができません（迅速さの不足）。それでも今まで特段の問題が指摘されてこなかったのは、社会が比較的に平和だったからです。しかし厳しさを増す一方の 21 世紀を生き抜くには、「正確」な数値を「迅速」に得るための仕組みを構築しなければなりません。その第一歩が、事実と見積もりの分離、即ち変動費と固定費の分離のやり直しなのです。

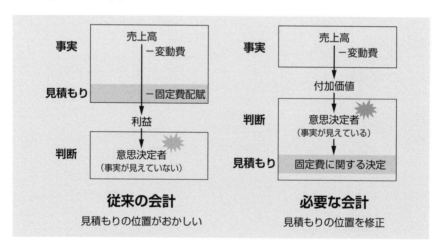

▶▶簿記を学ぶ時、注意すべきこと

真摯に良い経営を志す何万人もの方々が簿記試験に挑戦します。

その簿記が「間違っている」

（少なくとも時代の要請に合っていない）と申し上げたら不快な思いをする方

がいらっしゃるかもしれません。しかし、それが会計を30年間研究して会計士になってしまった私（今では会計士の方々にも会計を教授しています）の結論です。もちろん、簿記／会計を懸命に学んでいらっしゃる方々の努力は貴いです。現状の簿記／会計がどんな構造なのかを知っておくことは大切です。しかし教科書を鵜呑みにするのではなく、そこにどんな課題があり、どんな改良が必要なのかを考える姿勢を常に忘れてはなりません。

▶▶費用は社内を逃げ回る

　元々は技術者だった私は様々な現場でカイゼン成果の発表大会に参加しました。目標は30％のコストダウンなどです。そして全てのチームが目標を達成したと言って華々しい発表をしていました。Aチーム目標達成！　Bチーム目標達成！　Cチーム目標達成！　しかし、同じ発表を聞いていた経理の方は、浮かぬ顔で呟きました。「いつだって活動が成功したと言う。でも損益は何も変わらない。この成果（たとえば30％のコストダウン）って、いったいどこに消えてしまうのだろう？」　こうした場面で、「カイゼンなんてそんなもの」という諦めにも似た感覚が日本中に広がっていることは異常です。それは絶対におかしい。成果が現れないのは、

①カイゼン活動が誤っている
②損益計算の方法が誤っている ＞ 損益を見届けてこそのカイゼンです
③両方が間違っている

のいずれかだからです。これこそ真っ先にカイゼンしなければならないことでしょう。

正しい会計で目標設定 ➡ 正しい活動 ➡ 成果を正しい会計で検証

　従来の費用管理では正しく迅速な意思決定ができませんでした。これでは燃料費や原材料費の高騰と戦えません。生産性は向上しません。脱炭素を成功させ21世紀を生き抜くこともできません。そんな場面に何度も行き当たるうち、とうとう私は21世紀を生き抜くための新しいP/Lの形を見出しました。これなら、コロナ禍も物価高騰もCO_2削減もきっと乗り切れます！

21世紀を生き抜く会社作りのヒント

今まで　見せかけの活動による失敗を隠すのに、従来のP/Lは便利でした
今後は　費用の逃げ回りを起こさない新しいP/Lを作りましょう！

コストダウンや生産性向上に必要な会計を創る！

私が現場でコストダウンに取り組んだ時、活動の成否を正しく検証する方法がなくて困りました。簿記を学んでみましたが、間違っているのではないかという疑念が湧きました。とうとう会計士になった今、疑念は確信に変わりました。21世紀を生き抜くには、新しい会計が必要です。

▶▶簿記を学んで感じた疑念

　真剣にコストダウンに取り組めば、コストの内訳や、内訳ごとの目標と実績の差異が必ず知りたくなります。しかし従来のP/L（損益計算書）は、売上原価の内訳や原価差異を示していません。サプライチェーンを、売上原価・販売費・営業外費用（在庫金利）に分断している理由もわかりません。そこでコストを正しく把握する方法を求めて私は2級簿記を学びました。しかしそこには多くの問題がありました。最初にぶつかった問題は変動費・固定費と、直接費・間接費の混乱です（ヒント13参照）。さらに勉強を進めると原価計算のシュラッター図でも問題にぶつかりました。それは固定費の差異分析の問題です。

　変動費で発生した目標と実績の差異を価格差異や数量差異に区分すべきことの必然性は自明であり、その方法も容易に理解できましたが、固定費については（予算差異は別段）、操業度差異や能率差異を求める方法は難解で、その必然性も意味不明だったのです。仕方なく試験勉強だと割り切って丸暗記に徹し、とにかく先に進みました。いつか理解できる日がくることを信じて。しかし2級に合格しても、1級に合格しても、会計士になっても理解はできませんでした。ついに私は1つの結論に達しました。簿記や会計こそが間違っていたのだと。

　固定費は経営者によって金額で認可されるものです。ですから費用統制は金額で行い、目標と実績の差（予算差異）を確かめなければなりません。操業度とは全く別の局面で発生するものですから、能率差異や操業度差異を計算することに意味はなく、配賦で変動費的に扱うことも不適切です。そして、こうした事実が今まで明確に指摘されてこなかったのは、固定費に関する議論と、間接費に関する議論がゴチャゴチャだったからでした。この固定費の取り扱いの失敗が、日本がコストダウンや生産性向上に失敗してきた根本原因だったのです。

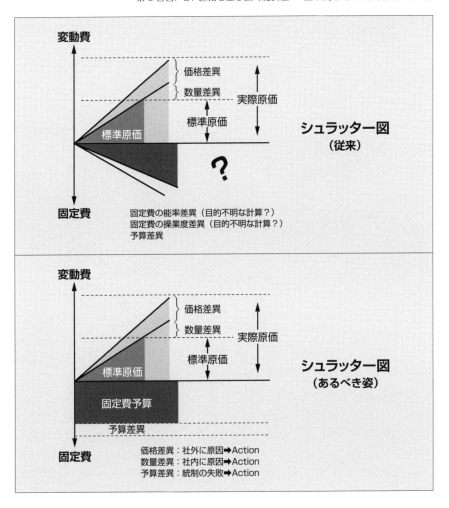

▶▶戦うための会計を創ろう！

簿記を必要以上に難しくするべきではありません。費用統制上、必要なのは変動費の「価格差異」と「数量差異」、固定費の「予算差異」だけです。そう考えればシュラッター図は著しくシンプルになります。シュラッター図の変更に合わせて、P/L（損益計算）の形も変えてしまいましょう。まず売上高から変動費を差し引いて付加価値※を求めます。さらにそこから固定費を差し引いてキャッシュフローを求めます。その際、管理するのは変動費の①価格差異と②数量差異、固定費の③予算差異だけです。そして予算差異のチェックを通過した固定費は、固定費全体としての生産性の管理に移っていくことになります。

（※） 従来、変動利益と呼ばれてきましたが、ヒント28の考察により付加価値としています。

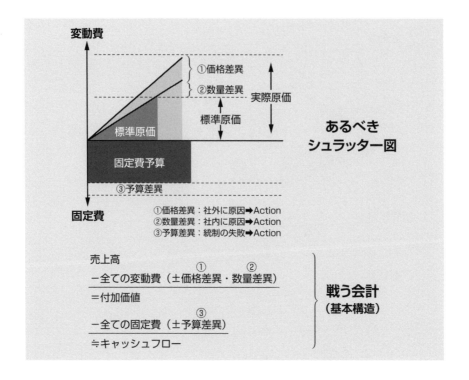

▶▶「戦う会計」ができた！

　厳しい時代を生き抜くため、コストダウンや生産性向上の成功を目指す損益計算（戦う会計）の形は次の通りです。基本構造から一歩進んで、事業が管理していこうとする変動費や固定費のそれぞれの内訳も示しています。戦う会計は会社内部で正しい意思決定を行っていくための会計であり、外部開示のための財務会計（全部原価計算）や環境会計とは違うものです。

▶▶「戦う会計」は管理会計の新しい形！

　また、戦う会計は古い財務会計の様々な機能不全の巻き添えを食ってダメになっていた従来の管理会計（直接原価計算）とも違うことに注意してください。

```
                            付加価値を「かせぐ」局面
 売上高          （±単価差異・数量差異）
  －材料費       （±価格差異・数量差異）
  －燃料購入費   （±価格差異・数量差異）
  －変動労務費   （±価格差異・数量差異）  毎日把握
  －外注加工費   （±価格差異・数量差異）  （第4合目）
  －外注物流費   （±価格差異・数量差異）             在庫
  －在庫金利     （±価格差異・数量差異）          （第5合目）
 ＝付加価値
                            強い会社を「つくる」局面
  －ヒトの固定費  （±予算差異） 人的生産性の管理（第6・7合目）
  －モノの固定費  （±予算差異） 設備投資計画の管理（第9合目）
  －カネの固定費  （±予算差異） 資本コストの管理（第9合目）
  －エネの固定費  （±予算差異） エネルギー生産性の管理（第8合目）
 ≒キャッシュフロー
                      戦う会計
```

(注) キャッシュフロー前の等号が「＝」ではなく「≒」なのは、従来の減価償却と株主配当
の考え方に若干の整理が必要だからです。

21 世紀を生き抜く会社作りのヒント

今まで 財務会計・環境会計・管理会計は深刻な機能不全に陥っていました
今後は 従来の会計の矛盾を整理し組み立て直すと「戦う会計」になります

誰も本気じゃなかった証拠、今度こそ本気で！

　第3合目は、「変動費と固定費」の分離でした。本来これは目新しい議論ではないはずなのですが、現実には会計専門家の間ですら「直接費≒変動費」「間接費≒固定費」という混同があり、「変動費と固定費」の分離は全く達成されていませんでした。その失敗が引き起こしてきた問題は膨大で、

➡損益分岐点分析・シミュレーション・事業計画立案の失敗（ヒント7）
➡予実管理の失敗（ヒント8）
➡価格高騰対策の失敗（ヒント9、ヒント10）
➡値決めの失敗、収益性判断の失敗（ヒント11）
➡コストダウンの失敗（4合目）
➡資本コスト達成の失敗、株価の下落（第5合目、第9合目）
➡人材育成や生産性向上の失敗（第6合目）
➡イノベーションの失敗（第7合目）
➡CO_2削減の失敗（第8合目）

などに繋がっています。変動費と固定費の分離の失敗こそが、日本の会計と経営の失敗の根源だったのです。言い換えると、その対策は極めてシンプルで、変動費と固定費をきちんと分離すればよいのです。さあ、この「戦う会計」で、21世紀の経営課題に取り組んでみましょう！

（注）製品原価の見積もりにおいては、変動費に固定費配賦を合計した「目安」
　　　を計算すると便利なことはあります。

そうだったのか！

ガリレオ・ガリレイ

第4合目

この価格高騰は止まらない！
本気でコストと戦う会計の形

　昨今の物価高騰や円安で「もうダメだ」と悲鳴が上がっています。しかしこれまで、きちんとコストに向き合い、真剣なコストダウンに取り組めてはいませんでした。だからこそ、時代遅れとなった簿記や会計がほったらかしになっても平気だったのです。何事も変化の激しい時代にあって、今日の会計は今から60～100年以上も前（！）経済成長に何の疑問もなかった時代のデザインのまま。厳しい21世紀を生き抜くには多くの不都合があります。ですから、真剣に価格高騰と向き合おうとすれば、

必ず「不便だ」と感じるはずです！

そろそろ本気になって時代の荒波と戦ってみませんか？　私たちが本気になれば、

今からだってできることはたくさんあります。

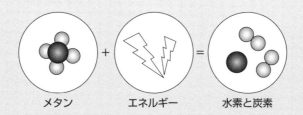

メタン　＋　エネルギー　＝　水素と炭素

一時的な波じゃない！　コロナや戦争で見えた危機

新型感染症やウクライナでの戦争は、資源争奪というパンドラの箱を開けました。必要な材料を、必要な時に、必要な量だけ入手できた幸福な時代は終わったのです。今後は、少しでも有利な条件で原材料を調達する工夫と努力をしなければなりません。その努力を「戦う会計」が支えます。

▶▶2019年の秋、セカンドオピニオンを求められた

2019年の秋、私はある鉄工所の社長様からご相談を受けました。

「当社の製品の主原料は銅なのですが、近年の地金の値上がりが激しいです。この傾向は続くと思います。そこで2年分の地金の備蓄を考えたのですが、父の代からお世話になっているコンサルの先生に、買い溜めなどもってのほかだと叱られました。私はどうすべきだと思われますか？」

私は申し上げました。

「この分野の専門家である社長様ご自身が『備蓄したい』とお考えなら、そのようにすべきではないでしょうか。そもそも地金は腐るものではありません。地金を確保しておくことで当面の原材料調達の煩わしさから社長様ご自身が解放され、他の困難な経営課題の解決に専念できるなら、まとめ買いも悪いことではないように思います。ご決断にあたって何か会計的な評価やサポートが必要でしたら、私にお任せください。」

社長様の表情は少し明るくなったようでしたが、そこに件のコンサルの先生がやってきて、どこかの市場のチャートを見せながら、言うのでした。

「銅の相場なんか上がっていませんし、これからも上がることなどあり得ない。私がいつも申し上げてきたことですが、在庫は悪です。必要な材料を、必要な時に、必要な量だけジャストインタイムに買うのが経営の鉄則だということを絶対に忘れないでください！」

翌2020年の春には新型コロナとの戦いが始まり、2022年には戦争も始まってサプライチェーンは寸断、資源の価格は高騰し、経済は厳しさを増しました。世界は全く変わってしまったのです。銅の備蓄に踏み切れなかったこの社長様は、大変な苦労をされていました。本当の「悪」は在庫ではなく古い会計常識です。でも市井の先生方が何と言おうとも、最後の決断をするのは経営者です。そしてその決断を支えるのが「戦う会計」の役割です。

▶▶資源がなくなる日がやってくる

　私たちは「波」と「津波」の違いに注意しなければなりません。これから全ての地下資源が枯渇に向かいます。とりわけ化石燃料（石油・石炭・ガス・ウラン）の枯渇が深刻です。資源市場は売り手市場となり、資源国の横暴は強まるでしょう。資源価格はさらなる高騰局面に入っていくと考えるべきです。

「津波」がきます！	✔ エネルギーの価格が上昇 ✔ 鉱物資源の価格が上昇 ✔ 生物資源の価格が上昇（食料・木材）

　化石燃料については、「今までなくならなかったのだから、これからもなくならない」という意見を伺うことがありますが、危険だと思います。もはや

「枯渇するか／しないか」ではなく、「いつ枯渇するか」

を評価すべき段階に入っているからです。それがサステナブルな経営の大前提。化石燃料の資源量について、私は、個人的には以下のように考えます。

①　経済成長は指数関数（ネズミ算）です。現状、ウランを含む化石燃料全体の可採年数は80年程度ですが（これでも既に一大事ですが！）これはゼロ成長での計算でした。3％程度の成長を前提に計算し直すと可採年数は40年程度になってしまいます（2060年頃に枯渇）。現実には、かなり早い段階から枯渇の影響が出てくることになり、経営はますます諸物価の高騰に苦しめられることになるでしょう。

②　1972年に「成長の限界」という議論がありました。1973年の石油危機の頃にも資源の枯渇が騒がれましたが、実際には枯渇しませんでした。それは、毎年の消費量と新規発見量が拮抗していたからです。省エネ意識の広まりも資源の延命につながりましたが、現在では世界的な人口爆発と世界各国の経済発展で、エネルギー消費は爆発的に増大、新規に発見される資源量は減っています。「成長の限界」は確実に現実の問題となりつつあります。

③　新規発見されるのは、採掘条件が悪い資源ですから技術的に見ても価格は上昇傾向です。

④　18世紀の経済学者マルサスが警告した、「食糧増産が人口増加に追いつかない」は、化石燃料の利用開始による産業革命によって一時的に回避されました。しかし21世紀に化石燃料が枯渇に向かうなら、私たちはマルサスの警告に

再び向き合わなければなりません。

⑤　さらに致命的なのは、世界の経済成長によって資源消費がある一定の水準に達すると、売り手側のパワーが急速に強まることです。結果として、売り惜しみや価格の吊り上げ、資源国からの不当な要求を受けるリスクがあります。今回のウクライナ危機に発するロシアの威圧や、資源の価格高騰はその嚆矢です。これは構造的・不可逆的な津波であり、世界は元には戻りません。

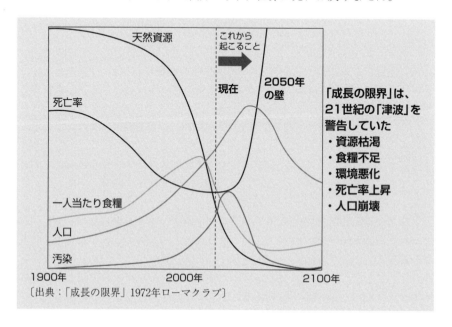

〔出典：「成長の限界」1972年ローマクラブ〕

▶▶価格高騰との戦いに備える、それがサステナブル経営への道

時代はすっかり変わってしまいました。1日も早く備えを始めなければなりません。でも、いったいどうすればよいのでしょうか？　激しい価格高騰や円安で、日本中で悲鳴が上がっています。

「どうしたらよいかわからない」「もうダメだ」

それもそのはず、今まで日本中の製造業が総力を挙げてコストダウンに励んできたはずでしたが、なかなか成果が出ていませんでした。その理由は次の通りです。

① コストの全体が把握されていなかった

P/L が、売上原価～販管費～営業外費用に分断されてズタズタです。売上原価と販管費の分離は費用の逃げ回りを起こし、売上原価や販管費から在庫金利が切り離されていることが、適正在庫の判断ミスを招いています。

② コストの内訳が把握されていなかった

P/L 上の売上原価はたった１行で内訳が開示されていませんが、実は社内でも内訳は把握されていません。古い工業簿記の合計転記がその原因です。これでは、利益が出なくなった原因が材料費なのか労務費なのか経費（例えばエネルギー費）なのかすらわかりません。

③ 価格差異と数量差異が把握されていなかった

価格差異は調達活動の問題であり社外に原因があるものです。それに対して数量差異は消費活動の問題であり社内に原因があるものです。しかしこれらの差異は P/L には示されていませんし、社内でも把握されていません。やはり工業簿記の合計転記が原因です。それが、国内製造業のコストダウン活動が、社外の（世界の）変化に目を向けられない原因にもなっています。

④ コストの変化が毎日把握されていなかった

コストは日々変化し、状況が良い日もあれば悪い日もあります。コストの変化を毎日把握しなければ、差異の原因がわからなくなり、ロスは垂れ流しになります。それにもかかわらず、実際にコストを毎日把握できる仕組みを構築している事例はほとんどありません（ヒント47参照）。

> **「もうダメだ」と投げ出す前に、やるべきことはたくさんあります**

---

21 世紀を生き抜く会社作りのヒント

今まで	価格高騰の中で、「もうダメだ」と言って立ちすくんでいました
今後は	把握すべきことはたくさんあります。その仕組みを作りましょう

高騰する原材料費やエネルギー費と戦う方法がある！

従来の会計では原価の内訳がわかりませんでした。原価の内訳がわからなければ、どこにどれくらいの問題があるのかわかりません。シミュレーションもできません。結果として価格高騰や円安とも戦えません。内訳がわからなかった原因は従来の工業簿記の欠陥です。座して死ぬなかれ！

▶▶「戦う会計」が担うべき使命

　今回は価格高騰への緊急対策編です。国際情勢の緊迫で諸物価が高騰していますが、これは一過性ではなく構造的な変化です。世界経済は発展し人口も増大、かつて発展途上国と呼ばれた国々が先進国と同じ豊かさを求めるようになりました。その一方で、多くの地下資源や生物資源は急速に枯渇に向かっています。需給バランスによる一時的な乱高下はともかくも、資源価格の構造的な高騰は不可避でしょう。必要な資源を好きなだけ購入できた幸福な時代は終わったのです。それにもかかわらず、国内の経営セオリーや、会計や、コンサルは平和な時代のままであり、現場の

カイゼン～財務指標～販売戦略～DX～SDGs 等の活動はバラバラ

で危険な状態にあります。これらを統合して事業の生き残り（サステナビリティ）に活動を統合することこそ、「戦う会計」が担うべき使命です。

▶▶「戦う会計」の使命 1：コストの総額と内訳を明らかにする

　「戦う会計」が果たすべき第一の使命はコストの総額と内訳を明らかにすることです（私は変動費を「コスト」、固定費を「経営資源の維持費」と呼んでいます）。従来の日本のコストダウン活動は、コストの内訳すら調べずに、いきなり労務費対策（7つのムダ取りに代表される工数削減）に入るケースが大半でした。しかし昨今、主戦場は原材料費～エネルギー費～物流費に移っています。コストの内訳すら調べずに、

「コストハーフ」「原価 30 ％削減」「CO$_2$、46 ％削減」

などと呼ぶのはナンセンス。まずは変動費（コスト）と固定費（資源）をしっかり分離し、コストの内訳を明らかにした上で優先順位を判断し、優秀な人材を新しいターゲット（原材料費やエネルギー費や物流費）に振り向ける必要が

あります。いつまでも手慣れた活動だけに埋没していてはいけません。

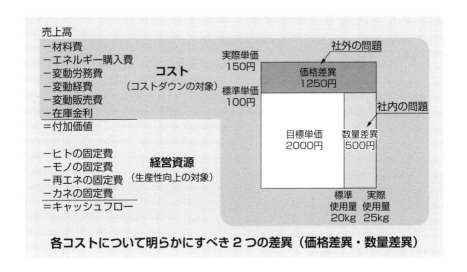

売上高
　ー材料費
　ーエネルギー購入費
　ー変動労務費
　ー変動経費
　ー変動販売費
　ー在庫金利
　＝付加価値

　ーヒトの固定費
　ーモノの固定費
　ー再エネの固定費
　ーカネの固定費
　＝キャッシュフロー

コスト
（コストダウンの対象）

経営資源
（生産性向上の対象）

社外の問題

実際単価
150円

標準単価
100円

価格差異
1250円

社内の問題

目標単価
2000円

数量差異
500円

標準
使用量
20kg

実際
使用量
25kg

各コストについて明らかにすべき２つの差異（価格差異・数量差異）

▶▶「戦う会計」の使命２：高騰する原材料費と戦う！

　では、高騰する原材料費とは具体的にどう戦えばよいのでしょうか？　コスト（変動費）の総額と内訳が明らかになっていることを前提に、まずは達成すべき目標原価（＝標準使用量×標準価格）を合理的に見定めましょう。もし、この目標原価で必要な利益が確保できそうになければイノベーションが必要です（後述）。目標原価の達成状況については「真のDX」で毎日モニタリングできる体制を作りましょう。目標との差異が生じた場合は、数量差異と価格差異を分けて把握します。前者は消費活動の失敗であり社内に原因がありますが、後者は調達活動の失敗であり社外に原因があるからです。当然、対策は異なります。そしてこれらの差異は毎日把握しなければなりません。そうしなければ原因は分からなくなり、ロスは垂れ流しになるからです。

　価格差異と戦うには、新しい購買戦略が必須です。一律の在庫削減（ゼロ在庫）は時代遅れ。原材料在庫の回転数管理は、製品在庫や仕掛在庫の管理から切り離すべきです。そして、①納期短縮や製品供給の安定化、②相場変動、③まとめ買いによる値引き、④輸送・保管コスト、⑤廃棄損、⑥在庫金利とのバランスの中で原材料在庫を最適化しましょう。「戦う会計」がそれを支えます（ヒント24参照）。アマゾン等の先端流通業や優秀な商社はAIを駆使して取り組んでいます。

▶▶「戦う会計」の使命３：高騰する発送費と戦う！

　今日、納期短縮が重要な競争力の源泉になりましたが、発送費も高騰しておりバランスが重要です。ところが従来、発送費は売上原価の構成要素から除外され、戦略的な原価管理から漏れがちでした。発送費（変動販売費）を、サプライチェーンを構成するコスト（変動費）の１つとして位置づけ、「戦う会計」で一元管理すべきです。発送費は、工場内の７つのムダ取りなどで培われたカイゼン活動のノウハウが大いに発揮できる新しいフロンティアでもあります。

▶▶「戦う会計」の使命４：高騰するエネルギー費と戦う！

　今日話題のSDGsは地球環境のための活動目標と認識されがちですが、実はその本質は、枯渇する資源への依存を減らし、事業の存続を図ることにあります。そのことが、エネルギー費やその他の原材料費の高騰への備えとなり、結果的にCO_2削減にも繋がるのです。エネルギー購入費もまた変動費だとすれば、その内訳を明らかにし、目標原価を見定め、日次で差異の管理をし、消費側／調達側で対策します。見定めた目標原価で必要な利益が確保できない場合はイノベーションが必要です（後述）。

▶▶「戦う会計」の使命５：イノベーションに向き合う！

　合理的に見定めたコスト（原材料費、物流費、エネルギー費など）ではどうしても必要な付加価値や利益が確保できない場合があります。それは、その事業のビジネスモデルの寿命が尽きてしまったということです。そんな時には本気でイノベーションに向き合わなければなりません（第7合目参照）。国内の多くの現場にイノベーションの芽はありながら、それを古い常識で潰してきました。まずは会計数値の共有で風通しの良い職場を作りましょう。ビジネスモデルの抜本的な変更も必須です。資源の価格が２倍になるなら「資源当たりの生産性」も２倍にすればよいのです（第6合目、第8合目参照）。過剰なモデルチェンジで消費を煽る販売手法には限界があります。丁寧に作られた堅牢な製品を長く大切に使う社会への回帰こそ、原材料費高騰への本質的な備えになるでしょう。

▶▶「戦う会計」の使命６：ヒトは資源！　強い会社を作る！！

　ここまで前提にしてきた「戦う会計」は、変動費（コスト）と固定費（資源）をきちんと分離したものであり、それ自体が１つのイノベーションです。両者の分離によって事業の付加価値も明らかとなり、経営資源（ヒト・モノ・エネ・カネ）の真の生産性が測定可能になります。生産性が見えればこそヒトの努力を評価し、その成長を支援し、イノベーションに向かうこともできるのです（第7合目参照）。如何でしょう？　地道ではありながら手つかずだったことも多いのではありませんか？

売上高	…	売価差異	数量差異
−材料費	…	価格差異	数量差異
−エネルギー購入費	…	価格差異	数量差異
−変動労務費	…	価格差異	時間差異
−変動経費	…	価格差異	数量差異
−変動販売費	…	価格差異	数量差異
−在庫金利	…	価格差異	数量差異
＝付加価値			

ヒト　再エネ　モノ　カネ　…各資源の生産性

「7つのムダ」は、変動労務費の時間差異だけを対象とした取り組みでした

★日本中で行われてきた
コストダウン

売上高	…	売価差異	数量差異
−材料費	…	価格差異	数量差異
−エネルギー購入費	…	価格差異	数量差異
−変動労務費	…	価格差異	時間差異
−変動経費	…	価格差異	数量差異
−変動販売費	…	価格差異	数量差異
−在庫金利	…	価格差異	数量差異
＝付加価値			

ヒト　再エネ　モノ　カネ　…各資源の生産性

★サステナブル経営では
全ての費用について、
バランスよく取り組む
必要があります

21 世紀を生き抜く会社作りのヒント

今まで　徹底的コストダウンと称し、行き詰まった活動に埋没していました
今後は　全体のコスト構造を明らかにし、優先順位を考えて行動しましょう

支えるツールはたくさんある　孤独に戦う必要はない！

「私たちはできないとは言いません」といった指導は、はじめから失敗の責任の行き先が決まっていてよくないです。厳しい時代を孤独に戦う必要はなく、戦う会計、IoTやDX、脱年次予算、人材育成の方程式、ロードマップ、脱炭素経営の基本式、内部収益率法が総力で経営を支えます。

▶▶コストハーフという目標設定

　今まで、国内製造業のコストダウン目標は「コストハーフ（一律50％削減）」といった抽象的な精神論に傾きがちでした。ある現場では「コスト30％削減・私たちはできないとは言いません！」という目標設定になっていたので、指導員の方に尋ねてみたのです。「この事業の原価構成は、購入部材費だけでも90％を超えています。しかもそれは客先から指定された部材ですから切り替えは難しい。私も目標を必達したいので、30％という目標設定の考え方をご教示願えませんか？」　すると、指導員の方が怒り出しました。「頑張れば30％くらい削減できるものです。原価の内訳とか屁理屈を言うから活動が失敗するのだ。」

	現状	目標
売上高	2000	2000
－売上原価	2200　➡	1540（30％削減）
＝付加価値	▲200	460

本当に達成できるのか？

　でも、どうでしょうか？　内訳も見ずにどうやってコストダウンをするのか？　例えば、購入部材費と労務費と経費（電気代）では、きっとやるべき対策は違います。それに、出発点の内訳がわからなければ、活動が順調なのか順調でないのか、どの活動が順調で、どの活動が順調でないのかをどうやって知るのでしょう？　そもそもコスト一律30％削減といった大雑把な目標設定に、従業員の方々が会社の本気を感じるでしょうか？　指導員に怒られて、ただ黙って下を向いていた作業者の方々の姿が今も目に焼きついて離れません。

▶▶簿記〜原価計算〜損益計算の不備

　今まで、多くの現場でコストダウンが成功しなかった原因の1つは、売上原価の内訳が示されなかったことでした。その背景にあるのは、従来の簿記〜原価計算〜損益計算において疑われることのない常識だった合計転記です。結果的にコストダウンの目標設定は一律30〜50％削減といったものになりがちですが、それに実現性があったのは、製造原価に占める労務費の割合が大きく「ムダ取り」の余地が大きかった時代の話です。しかし今日では労務費の比率が低下して主戦場が変わってしまいました。いつまでもそれに気づかないのは、売上原価の内訳を見える化する努力を怠ってきたからでしょう。しかも悪いことに、昨今の技術の高度化や自動化により、現場の作業者が担う役割と生産技術者の担う役割が接近し、売上原価（≒製造原価）と一般管理費の見わけがつかなくなっています。そのことが、費用の逃げ回りによる見せかけのコストダウン成果を作り出し、国内製造業を弱体化してしまったのです。

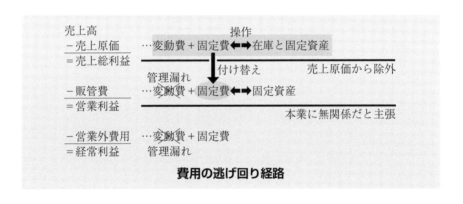

費用の逃げ回り経路

▶▶戦う会計で、目標設定をやり直そう

　コストの内訳を明らかにし、内訳ごとに削減目標を定め、それぞれの分担を決めなければ何も始まりません。本気でコストダンに取り組むならコストダンの設計図を作ってみましょう。削減の目標は価格差異と数量差異に分解します。価格差異は購買活動、数量差異は消費活動で生じるものであり、担当部門が異なるからです。また対象となるべきコストは、売上原価（製造原価）だけではなく、販売費や在庫金利なども含むサプライチェーン全体です。もし見せかけだけの活動に終始して真のコストダウンに取り組めなければ、エネルギー費高騰との戦いもなおざりになり、結果としてCO_2の削減もなおざりになります。

	現状	目標	差異	差異分解		販売	購買	製造	配送	技術	管理
売上高	2000	2000									
－材料黄A	800 ➡	740（20％削減）	160	価格差異	125	125					
				数量差異	35			35			
－材料費B	550 ➡	451（18％削減）	99	価格差異	65		20				45
				数量差異	34			4		30	
－変動労務費	200 ➡	140（30％削減）	60	価格差異	40						40
				数量差異	20			20			
－エネルギー費	400 ➡	360（10％削減）	40	価格差異	5						5
				数量差異	35	5		15	5	5	5
－変動配送費	150 ➡	144（4％削減）	6	価格差異	3			3			
				数量差異	3	2		1			
－在庫金利	100 ➡	95（5％削減）	5	価格差異	5	0					5
				数量差異	0	0					0
＝付加価値	▲200	170	370								

コストダウンの設計図の例

▶▶DXとIoTの軌道修正

近年 DX も流行ですが、少し不思議なコメントを見かけました。

「どうすれば DX に成功するか？」

　こうしたコメントは、流行に乗った DX が目的化していたことを示すものです。でも、そもそも DX は成功させるべき「目的」なのでしょうか？　それとも何かを成功させるための「手段」なのでしょうか？　ただ単に流行っているからといって取り組む DX は失敗しがちです。これから厳しさを増す一方の経営環境の中で、真にサステナブルな経営（21世紀を生き抜く）に向かって、本当にやるべきことを仕分けていかなければなりません。せっかく DX をやるのであれば、変動費がリアルタイムに（遅くとも日次ベースで）把握できる仕組み作りに集中してみてはどうでしょうか？

　同じことは IoT についてもいえます。私が預かっていた工場では IoT を使って、全ての機械装置（手動機・自動機）のエネルギー消費のモニタリングを始めました。エネルギー消費を見れば、エネルギー費や CO_2 削減へのヒントが得られることはもちろんですが、同時に人の働き方も見えてきます。機械装置によらない活動時間（非作業時間／ヒント30参照）については電子的な仕組みで申告してもらい、さらに勤怠データ・会計データ（売上高や付加価値）と組み合わせることで、真の生産性向上（第6合目、第8合目参照）につながる指標についてPDCAが回せるようになりました。今改めてDXやIoTについても目標

を整理し、サステナブルな経営を実現していくための強力なツールにしましょう。

	従来の IoT	戦うための IoT
接続対象	主に自動機	自動機 ＋手動機、人、会計システム、勤怠システム
対象データ	稼働時間、 生産数量	稼働時間、生産数量 ＋エネルギー消費、作業時間、売上・付加価値
取得方法	PLC	PLC ＋流量センサ、手作業申告、システム連携
利用目的	稼働率向上、 予防保全	人やエネルギーの生産性向上 結果としての CO_2 削減、生産革新

★戦う会計

```
売上高        （±単価差異・数量差異）
－材料費     （±価格差異・数量差異）
－燃料購入費  （±価格差異・数量差異）
－変動労務費  （±価格差異・数量差異）   毎日把握
－外注加工費  （±価格差異・数量差異）   ↓
－外注物流費  （±価格差異・数量差異）   ★戦うための IoT
－在庫金利    （±価格差異・数量差異）   ★戦うための DX
＝付加価値

－ヒトの固定費    （±予算差異）
－モノの固定費    （±予算差異）
－カネの固定費    （±予算差異）   毎月把握
－エネの固定費    （±予算差異）   ↓
≒キャッシュフロー              ★脱年次予算（ヒント 47）
```

★人材育成の方程式（第７合目）
★脱炭素経営の基本式＋ロードマップ（第８合目）
★内部収益率法（第９合目）
サステナブルな経営を実現するためのツール

21 世紀を生き抜く会社作りのヒント

今まで　古い会計の機能不全により、日本の経営は手詰まり状態でした
今後は　新しいツールで、サステナブルな経営を目指しましょう！

丸裸になる必要はない！　でも経営課題の把握は必要

最前線でコストや生産性と戦ってきた立場からは、今日の財務会計
（100歳）・管理会計（80歳）・環境会計の機能不全は明らかです。しか
し100年間も会計を進化させられなかった古い常識と戦って「戦う会計」
を社会に送り出すには、もう少し議論が必要かもしれません。

▶▶進化が止まった日本の会計、そして経営

　もし「数字にならない活動は無意味だ！」と申し上げたら、異論のある方が
多いかもしれません。でも、何年間も会社の損益に現れてこない活動があるな
ら、それはやはり見直されるべきです。「数字は冷たい」と言う方も少なくな
いですが、数字で公正に評価される厳しさより、数字で公正に評価されない残
酷さ（ひいきや好き嫌い）の方が問題だと私は思います。しかし現実には、多
くの方々が会計を積極的に使ってきませんでした。会計を使わないビジネスは
進化せず、ビジネスに使われない会計もまた進化の歩みを止めています。

▶▶使われなければ、会計は進化しない

　ところで皆さんは、自分以外の誰かが作った表計算のシートを弄ってみたこ
とがありますでしょうか？　表計算のシートを弄ってみれば、それを作った人
がどれくらい真剣に取り組んでいたかがわかります。真剣でなかった人のシー
トは、行や列の書式が不揃いだったり、文字の混入で合計計算ができなかった
り、罫線ばかり妙に凝っていたり……。今日の会計もまた然り。そこには真剣
に使われてこなかった痕跡がいっぱいです。ここまで繰り返し説明をしてきま
したが、

①変動費と固定費の管理責任・管理方法・管理目標の違い
②変動費と直接費を混同すべきではないこと
③生産性をどのように定義するのか

といった根本的な事項すら整理されてこなかった会計の現状は驚きです。

進化しないから使われない　←→　使われないから進化しない

そんな悪循環が日本の製造業を蝕みコストダウンの失敗の原因になってきまし
た。

▶▶財務会計 vs 管理会計

そもそも会計とは何でしょう？　誰が、何のために、会計を使うのでしょう？　そういえば、この本のタイトルにも「管理会計」が入っています。改めて皆さんは、財務会計と管理会計の違いをご存知だったでしょうか？

★財務会計とは？

「財務会計」とは、業績を外部に開示するための会計です。会社間の公正な比較をするための形式が法律などで厳格に決められていて変更はできません。工夫もできない。また、財務会計は「業績を良くするための会計」ではなく「外部の方に業績を良く見せるための会計」すなわち見せかけの会計になりがちです。ですから本気のサステナビリティ（生き残り）を支えるツールにはなり得ません（絶対に！）。

★管理会計とは？

そこで別途に「業績を本当に良くするための会計」が必要になります。これが管理会計です。管理会計は、事業の現状を率直に把握するための会計であり、法律に縛られない自由な会計でもあります。本気のコストダウンやCO_2削減に必要なのも管理会計です。ところが……実のところ従来の管理会計もまた重大な機能不全に陥っていました。歴史的に見れば、管理会計といえば変動費だけで原価計算する「直接原価計算」が採用されるケースが多かったのですが、「直接原価」という名前を背負うがゆえに変動費と直接費の混乱を生じてしまい、変動費と固定費がきちんと分離できていなかったからです（ヒント12参照）。

変動費と固定費をきちんと分離しなければ！

その極めてシンプルな事実に気づくまでに、私は現場で20年間も試行錯誤を積み上げてしまいました。今でこそ会計士の皆さんに、変動費と固定費の管理目標の違いや、変動費と直接費の混同という問題を説明する場面も増えましたが、「常識」という名のもつれた紐から会計や経営を解き放つのは簡単なことではありません。

今までの財務会計	今までの管理会計
経営成績の外部開示のための会計 （それ故に外部会計とも呼ばれる）	社内での経営判断のための会計 （それ故に内部会計とも呼ばれる）
法定事項が多く勝手に変えられない	任意の会計なので自由に変えられる
全部原価計算が採用される （変動費と固定費は分離されない）	直接原価計算が採用される （変動費と固定費は分離されない）

▶▶「環境会計」とその限界

　会計を大まかに見ると財務会計と管理会計に分類できます（「戦う会計」は
管理会計の進化形）が、サステナビリティや脱炭素と言えば環境問題。環境問
題の会計と言えば「環境会計」を連想する方も多かったかもしれません。環境
会計は「事業活動における環境保全コストとその効果を定量的に測定・伝達す
る仕組み」とされるものです。

　しかしながら、環境会計には3つの問題がありました。第1の問題は、それ
が事業活動から環境保全に関わる部分だけを切り出して把握しようとしてきた
ことです。しかし現実には、ある特定の支出が環境保全／利益獲得のどちらを
目的としたものなのかを見わけることは不可能です。例えば、燃料節減のため
の100円の支出はコストダウンに寄与しますが、同時にそれは CO_2 の排出も削
減します。100円のうちの何円が経済的支出／環境的支出だったかを見積もる
作業は不毛です。この

見積もり濫用という問題

が、既存の会計（財務会計・管理会計・環境会計）を機能不全にしました[※1]。見
積もりは事実（Fact）ではなく調整（Adjustment）であり、願望や社内政治の
産物でもあります。調整で数字を弄くり回す前に、事実を事実として報告しな
ければ、経営者は何が真実なのかわかりません（ヒント14参照）。行政も有効
な指導ができません。

（※1）製造原価と販管費の区分、固定費配賦、減価償却等の場面で見積もりが濫用されてい
　　　　ます。

　環境会計の第2の問題は、事業活動から環境保全コストを切り出そうとする
姿勢が、事業と環境は対立するという感覚を生んでしまったことです。しかし
それは20世紀の公害対策の感覚でした。21世紀に問われるサステナビリティ
とは、単なる環境問題（地球に優しい）ではなく、経済問題（生きるか死ぬか）
でもあることは、何度か説明して参りました。そして環境会計の第3の問題は、
外部開示のための会計（財務会計）と内部管理のための会計（管理会計）をし
っかり区別していないことです。「良く見せるための会計」と「良くするため
の会計」が「全く別のもの」だという現実を考慮しない会計は実用に耐えませ
ん。そんな会計が生み出されてしまうのは、やはり従来の会計専門家の方々が
実務家ではなかったからだと感じます。

▶▶サプライチェーン排出量（Scope3）の問題

　昨今、サプライチェーン排出量に関する質問を多くいただくようになりました。サプライチェーン排出量とは、事業者自らの排出だけではなく、事業活動に関係するあらゆる温室効果ガスの排出を合計した排出量のことです。より具体的には、Scope 1：化石燃料の燃焼などによる直接的な排出、Scope 2：社外から購入した電力などを使用することによる間接的な排出、Scope 3：その他の排出（購入資材にかかわる排出、物資の輸送や出荷にかかわる排出、従業員の通勤や生活にかかわる排出、販売した製品の客先での加工・使用・廃棄にかかわる排出など）の合計で排出を管理するものです。

Scope 1＋Scope 2＋Scope 3＝サプライチェーン排出量

これは「地球環境」の視点に立ち、会社の事業活動をより責任あるものへ誘導していこうとする意欲的なものでした。しかし Scope 3 については、自社内ではなく上流や下流や周囲からの排出であることから、様々な推定・仮定・ヒアリングに基づく見積もりが不可避です。こうした数字は検証ができないので数値操作の余地が大きく、結果的に排出削減の抜け道にもなってしまいます（例えば、Scope 1＋Scope 2 が実質的に削減できていなくても、Scope 3 の削減でサプライチェーン排出量は削減できていると主張するなど）。検証できない数字や見積もりは「事実」ではなく会計の名に値しません。また Scope 3 の議論は、排出削減の目標が CSR 的な地球環境の保全なのか（それも大切なことですが！）、事業の存亡をかけた資源枯渇対策なのかを曖昧にしてしまいます。

21 世紀を生き抜く会社作りのヒント

今まで　調整や見積もりや推定を混ぜれば、事実は見えなくなります
今後は　会計が果たすべき本来の役割は、事実を正確に伝えることです

今まで誰もやらなかった！ 会計の一般原則の見直し

「会計が間違っている」と申し上げたら語弊があるかもしれませんが、時代の変化からは確実に取り残されています。会計が古ければ、それに基づいて活動する会社や社会も古いまま。今必要な会計とは、正確な事実を迅速に意思決定者に伝えるものであるべきです

▶▶会計の一般原則の見直しが必要になっている！

それにしても、なぜ会計はこれほどまでに進化しなかったのでしょうか？例えば、変動費と固定費の分離すら徹底されてこなかったのはなぜなのか？その背景には、会計の一般原則と呼ばれるものの存在があります。「一般原則」は20世紀の公正な企業会計を支えてきたものですが、昨今では弊害が目立ち、経営環境の大きな変化に対処できなくなっている場面が増えているのです。

時代が変われば、会計原則も変わらなければなりません

21世紀を生き抜くため、抜本的に見直すべき時機がきていると感じます。

①真実性の原則（改めての徹底）

これは、企業の経営状況や財務状況について「虚偽の報告をしてはならない」という原則です。最も重要な原則とされ、健全な企業経営を行う上で必要不可欠とされる概念ですが、現実には「見積もり」という名の会計操作が濫用され、真実がゆがめられてきました。それは例えば、

固定費配賦、売上原価と販管費の区分、減価償却

などの場面です。この、見積もりの濫用という問題は、いわゆる環境会計や、脱炭素におけるスコープ3の計算においても広範に見られるものであり、本来は生きるか死ぬかの活動をだいなしにしてしまうものです。

②正規の簿記の原則→②事実・見積もり分離の原則

これは、従来は複式簿記の実施を要請するものと受け止められてきた原則ですが、既に企業会計における複式簿記の採用は揺るぎない現実になりました。その一方で、従来の企業会計では、社内調整や経営的判断を踏まえた見積もりが濫用されて会計的事実と入り交じり、

何が事実なのかがわからなくなって

「真実性の原則」すら危うくしている状況です。そこで改めて、真実性を担保するための前提として、②の原則を「事実・見積もり分離の原則」に差し替えて注意を促す必要性を強く感じます。

③資本取引・損益取引区分の原則→③一体表示の原則

これは株主からの出資や、株主への配当などのいわゆる資本取引と損益取引を明瞭に区別することを要請してきた原則です。しかし20世紀全般を通じて、株式会社の経営と所有の分離が進み、株主の出資金や内部留保といった自己資本と銀行からの借入金といった他人資本を同列で扱う加重平均資本コスト（WACC）という考え方が主流になってきています（ヒント41参照）。

もはや株主との取引だけを特別扱いする意義は乏しく

むしろ事業活動による付加価値獲得の過程と、獲得された付加価値による経営資源の取得・維持・放棄の過程を、それぞれ一体的に構成し直すことが、正しい経営判断を行っていく上での必然になってきました。

④明瞭性の原則→④内訳・差異表示の原則

これは、財務諸表をわかりやすく作成すべきだという原則です。財務諸表を作成する際に、資産や負債を科目ごとに記載したり、損益に詳細な内訳を付けたりといった配慮を要請するものですが、現実の損益計算書（P/L）はどちらかと言えば、経営課題の見えぬ化に勤しみ、売上原価の内訳や目標と実績の差異の表示を怠ってきました。従来の明瞭性の原則は、

全く形骸化してしまっていたのです

これから改めて費用の内訳や差異表示の重要性について注意喚起するためにも、従来の④の原則を、「内訳・差異表示の原則」という風に、もっと具体的に言い換える必要を感じます。

⑤継続性の原則→⑤環境適応の原則

これは、企業会計は、その処理の原則及び手続きを毎期継続して適用し、みだりにこれを変更してはならないという原則です。比較可能性を担保したり、利益操作を戒める意味がありますが、それはこの原則が外部開示を意識したものだったからです。内部管理においては比較可能性を担保していくことは当然

であり、むしろこの原則によって会計が適時に進化せず、

が大きくなってきています。その意味でも、⑤の原則は、「環境適応の原則」に差し替えられるべきではないでしょうか。

⑥保守主義の原則→⑥どうしても見積もりするなら保守的に行うの原則

　これは、費用は認められる範囲内で早めに、収益はなるべく遅く計上する会計処理を認めるとする原則です。例えば、貸倒引当金を見積もって取引先の倒産に備えるといった処理が該当しますが、この見積もるという行為が、

会計的な事実をゆがめてしまいます

　ですから、⑥の原則を、「どうしても見積もりする場合には保守的に行うのが原則」として範囲を限定し、その濫用を戒める必要があります。

⑦単一性の原則→⑦目的適合性の原則

　これは、いわゆる二重帳簿や裏帳簿を禁止する原則です。様々な目的で異なる形式の財務諸表を作成する必要がある場合でも、その内容は政策的な考慮のために事実の真実な表示をゆがめるものであってはなりません。とは言え、外部開示目的（経営課題を明示したくない）と内部管理目的（経営課題を赤裸々に把握したい）では、同一のデータから出発したものではあっても、会計の形式が同じになり得ないのが現実ですし、

そういう現実を直視しない会計は使い物になりません

　外部開示したくないからと言って、内部でも課題が見えない会計報告をしているならば悲劇です。⑦の原則が求めるのは元データの単一性であって、形式の単一性ではないはず。その意味で、⑦を目的適合性の原則へと差し替える必要があるでしょう。

⑧迅速性の原則（新設）

　そして従来はなかった原則ですが、21世紀を生き抜くには、事実と見積もりを分離し、事実である売上高や変動費のみをシンプルに積み上げた

簡潔で迅速な会計報告

を目指さなければなりません。それは年次や四半期次や月次ではなく、変動費については日次レベル、固定費については月次レベル（脱年次予算）の迅速さです。これからDXに取り組むなら、会社の生き残りをかけて日次のPDCAを実現してください。

　本来の専門家の責務とは、古い知識を無批判にコピペし続けることではなく、21世紀を生き抜くために必要な「何か」を創り出していくことだと思います。21世紀を生き抜くために必要な会計の新しい一般原則（戦う会計の一般原則）をまとめてみました。

＜従来の一般原則＞		＜戦う会計の一般原則＞
①真実性の原則 （現実には見積もりの濫用がある）	→	①真実性の原則
②正規の簿記の原則 （説明の仕方を変える必要がある）	→	②事実・見積もり分離の原則
③資本取引・損益取引区分の原則 （他人資本と自己資本の区別がなくなった）	→	③一体表示の原則
④明瞭性の原則 （現実には全く実現されていない）	→	④内訳・差異表示の原則
⑤継続性の原則 （環境が大きく変われば、変えていくべき）	→	⑤環境適応の原則
⑥保守主義の原則 （見積もりに限る、濫用もしない）	→	⑥どうしても見積もりをするなら保守的に行うの原則
⑦単一性の原則 （データ同一でも、表現は変わるべき）	→	⑦目的適合性の原則
		⑧迅速性の原則（新設）

21世紀を生き抜く会社作りのヒント

今まで　一般原則の形骸化と陳腐化が、会計の進化を妨げていました
今後は　改めて企業経営の現実に遡り、新しい一般原則を作りましょう

事実と見積もりの分離、それが「戦う会計」の根幹

　ちょっと物騒な話ですが、戦争になると最初に狙われるのは通信兵だと言われます。「何が起こっているのか」を知ることが戦いに勝つための絶対条件であり、情報の流れを止めることが最大の打撃になるからです。顧みて、今日の会計や経営の戦況はどうでしょう？　売上高や変動費は常に社外との関わりの中で発生する事実であり、両者の差額として計算される付加価値もまた事実だと言えます。他方、固定費については、その発生額の全てを素直に費用計上するなら事実かもしれませんが、実際には、減価償却や配賦計算と称して細切れにし、一部を費用化したり費用化しなかったりしているのが会計の現実です。それを事実（売上高〜変動費〜付加価値）と混ぜ合わせることで、経営者には何が事実なのか／事実ではないのかがさっぱり分からなくなってしまっているのです。こんな情報の流れで、会社が価格高騰という厳しい戦いに勝てる道理はありません。

　有効な会計を欠き、何が事実なのかすらわからない日本の経営の危うさを考えてみてください。言い換えれば、現状の情報の流れを大きく改善し、事実が事実として見える会計の仕組み（戦う会計）が構築できるならば、戦況は大きく変わってくるはずです。しかし長年にわたって「見積もり」という名の数値操作に慣れてしまった古い専門家の方々にとってはちょっと困難な取り組みになるでしょう。今、新しい会計とその担い手が必要になっているのです。

そうだったのか！

ガリレオ・ガリレイ

第5合目

ゼロ在庫の時代は終わった！ 本当の在庫管理ができる会計の形

　もう100年も前から、在庫回転率を高めることは経営管理の常識でした。「在庫を減らせ、在庫を減らせ、在庫を減らせ！」でも、現実には多くの矛盾が生じていて、期末日だけ、工場在庫だけ、帳簿上の見せかけだけ、などの無理やりな在庫削減が行われてきました。それはまるで

不正の練習（On-the-Job Training）のよう

　そして今、物価高騰や円安、新型感染症や戦争によるサプライチェーンの混乱で、在庫削減という建前と、それでは事業が回らないという現実の乖離が大きくなり、いよいよ矛盾は激しくなっています。実は、その解決方法はとても簡単。時代遅れになった常識を断捨離すればよいだけです！　今まで「常識だ」と言われて疑われなかったことの中にこそ、

イノベーションの可能性があります。

　そのことを、いつも絶対に忘れないでください。

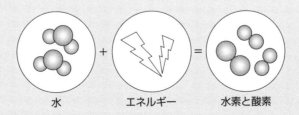

水　＋　エネルギー　＝　水素と酸素

玉ねぎが特売です。なぜまとめ買いをしないのか？

今日の日本経済の弱さは製造業の弱さです。その製造業の弱さは、過去の成功体験に縛られ、自らの力で考え行動することができなくなった私たち自身の弱さでもありました。そんな弱さを照らし出し、進むべき道を示すのも「戦う会計」の使命です。

▶▶過去の成功体験に縛られすぎていないか？

皆さんは、「コストダウンせよ」と言われた時、どんな活動を思い浮かべますか？　セミナー等で伺うと「徹底的なムダ排除」というお答えが多いようです。確かにモノづくりの世界では「7つのムダ取り」が有名です。それは、

① 加工のムダ
② 在庫のムダ
③ 造りすぎのムダ　　　　　7つのムダ取りは
④ 手待ちのムダ　　　　　　日本のモノづくりの金字塔！
⑤ 動作のムダ　　　　　　　しかしその現実は……
⑥ 運搬のムダ
⑦ 不良・手直しのムダ

という7つのムダを解消する取り組みです。これは日本のモノづくりが誇る不滅の金字塔だと言えるでしょう。ではこれを工業簿記の視点で見るとどうなるか？　製造原価には3つの主要な構成要素があります。①材料費、②労務費、③経費の3つです。そして7つのムダ取りは、専ら作業時間（つまり、②の労務費）をターゲットにしたものだということがわかります。

よし、どんどんムダ取りをやって、強い製造業を作ろう！

ところが……　ある日私は、自分の会社の製造原価を分析していて驚くべき事実に気づきました。会社は総力を挙げてコストダウンに取り組み、徹底的な7つのムダ取りを目指していたはずでしたが、製造原価の内訳は材料費が90％、労務費5％、経費が5％だったのです。すぐに有価証券報告書を調べると、他の著名なメーカーの製造原価明細書にも同じ傾向が見られました。それなのに毎月の報告書は作業のムダ取り一色で、材料費節減への取り組みは皆無でした。会社は利益が出せずに苦しんでいました。

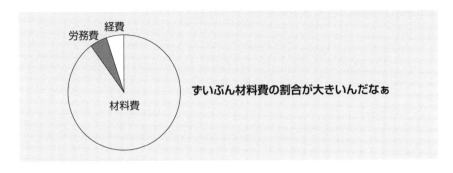

▶▶コストダウン担当がコストの内訳を知らない？

　大手企業のコストダウンの担当者がコストの内訳を知らずに活動している……。これはウソのような話ですが、事実です。その後、私は何度かセミナーを開催し、製造業の関係者の方々に何度も質問しました。

　「これは昨今の製造業でしばしば見かける原価構成です。内訳は労務費、材料費、経費です。さて、この突出している費用がどれかおわかりですか？」

　しかし多くの方々のお答えが「材料費」ではなく「労務費」でした。

コストダウンの担当者が、コストの内訳を知らない

という深刻な現象が日本中で起きていたのです。原価の内訳すら分析せずに始まり、原価の内訳すら分析せずに終わるコストダウンとは何なのか？　これでは日本の製造業（そして経済）がダメにならないはずがありません。

　こうした悲劇の原因の1つは、明らかに従来のP/L（損益計算書）の不備です。そこには製造原価（≒売上原価）の内訳が示されていませんし、10年ほど前まで辛うじて開示されていた製造原価明細書も、今では作成されなくなってしまいました。それを、どうして誰も「不便だ！」と言わなかったのか？　今までの関係者の本気に疑問を感じます。コストの内訳がわからなければ「コストハーフ！」等と叫ばざるを得ませんが、それは単なる願望（精神論）であって活動の具体的な目標にはなりません。本当に本気でコストダウンをするなら、まずは原価の内訳を明らかにした上で、材料費は○％、労務費は○％、経費は○％というように目標をブレークダウンしていく必要があります。なぜなら、内訳ごとにやるべきことが違うからです。

▶▶それぞれの費用にどう取り組むか？

　歴史的に見れば、労務費こそが製造業におけるコストダウンの主戦場でした。

今日の製造原価に占める労務費の割合が顕著に低いのは、関係者の営々たる努力の賜物でしょう。しかしながら、こうした比率の低下と作業の標準化、自動化、スキルレス化の進展により、作業のムダ取りによるコストダウンは難しくなりました。その一方で、今や原材料費が新たな主戦場になっているのです。多くの製造業で製造原価の80〜90％にも達する材料費もまた、作業の標準化や自動化によって歩留まりは改善されていますから、頑張りどころは調達価格の節減です。しかし従来は「ゼロ在庫」の縛りがあったため

機動的な調達戦略の発動が「禁止」されてきたのでした

　ところで皆さんの御家庭では、日々厳しさを増す家計のやり繰りをどうしていらっしゃるでしょうか？　例えば、近所のスーパーで玉ねぎが特売だったら、それを多めに買い、ムダにならないよう工夫して使ったりはしないでしょうか？　御家庭で「必要な食材を、必要な時間に、必要な量だけコンビニで買いなさい」と指示したら、きっと大騒ぎになるに違いありません。会社だって同じです。今日の製造業がコストダウンだけで勝負することは難しくなりましたが、コストダウンで負けていたら全く話になりません。特に製造原価の80〜90％を占めるに至った原材料の調達で、

世界の負け犬にならないようご注意ください

▶▶販売費や営業外費用の中にも潜むコスト

　実は、従来のコストダウンでは見落とされがちだった新たな勝負所がもう1つあります。それは製造原価（≒売上原価）ではなく、販売費及び一般管理費（販管費）側に含まれる販売費です。今日、技術のコモディティ化により各社の製品それ自体（性能と価格）の差は小さくなりました。お客様が製品を選ぶ時の要素は、製品情報の検索の容易さや、注文の容易さ、支払いの容易さ、デリバリーの速さなどに移っています。これらに関わるコストは、従来の損益計算では売上原価にならずに販管費側に含まれていたため、戦略的なコストダウンの対象から漏れ勝ちだったのです。さらには「在庫を寝かすな！」と何度も何度も言われながら、在庫に関わる金利（在庫金利）が営業外費用（「本業外の費用」として説明されることが多い）に区分されてきたことも悲劇です。どうして在庫金利を本業として管理してこなかったのか？　これもまた従来のP/L（損益計算書）や会計常識の致命的不備だったのでした。

　そこで私は、新しい損益計算の形（戦う会計）を提案しています。そのポイントは、①変動費と固定費の分離、②製造原価と販管費や在庫金利の一元管理、

②全ての変動費と固定費の内訳の見える化、の３点です。もし変動費（コスト）の内訳がしっかり見えるようになったら、日本のコストダウンは随分変わるに違いありません……というより、コストダウンに携わる方々は、

「コストの内訳を知りたい！」

と声を上げてください、本当に本気なら。そうでなければサステナブルな経営など夢のまた夢です。え？ 損益計算を勝手に変えてよいのかですって？ もちろんです！ 損益計算は、皆さんの活動を支えるために存在するのです。古いP/Lのために皆さんが活動しているわけじゃありません。

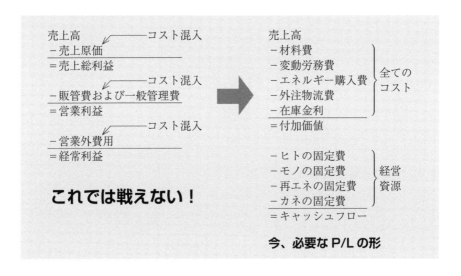

上記のコスト内訳の中に在庫金利が入っていることに注意してください。物理的・経済的に傷まない原材料を前提とすれば、在庫をどの程度持つべきかは、①在庫を抱えることによって発生する金利と、②機動的な調達戦略の発動（相場買いやまとめ買い）による原材料費の節減効果、さらには③一定の在庫を前提とした納期短縮等によって実現できるであろう売上数量の増加や売価回復などのバランスを一元的に評価する必要があります。そのために在庫金利を営業外費用として切り離さず、変動の内訳として一元的に表記しているのです。

21世紀を生き抜く会社作りのヒント

今まで コストの内訳がわからず、見当外れのコストダウンをしていました
今後は 本気なら、「コストの内訳を見える化したい！」と声を上げましょう

サステナブルな経営、実践の第一歩は在庫を変えること

在庫削減の理由を納得できていない方は少なくありません。数字の見かけを取り繕うという行動が、さらに深刻な不正の入り口になっていきます。風通しの良い職場を作り、きちんと話し合い、納得することが、サステナブルな経営への大切な一歩です。

▶▶在庫削減、何のため？

実地棚卸はいつも大騒ぎです。かつて私がいた現場では1週間前から生産調整が始まって在庫圧縮の努力をしていました。在庫の海外拠点への移動や、販売可能な在庫の投げ売りも行われていました。当然、棚卸が終わると倉庫には不良在庫だけが残ります。そこで今度は急速な在庫回復を目指すのですが、1週間くらいは営業部門で弾切れを起こしていました。混乱は棚卸日を挟んで前後1週間、4回の四半期合計で年8週間に及びました。8週間といえば年15％もの期間、正常な事業活動ができていなかったことになります。

▶▶社内の活動目標がバラバラだった

なぜ、これほどの犠牲を払ってまで在庫を減らすのですかと質問すると、「在庫はお金の山」「在庫が寝ることはお金が寝ること」というステレオタイプな答えが返ってきました。しかし現実には、在庫が削減されてもお金は多額に寝かされています。それは、財務会計に「流動比率」という指標があるからです。流動比率とは短期の借金の何倍くらい現金や工場在庫（合わせて流動資産と呼びます）を持っているかを問う指標です。1. 5〜2倍が理想（！）と言われてきたのですが、在庫を削減してしまうと流動資産が減るので、この比率を維持できません。

それで現金が多額に寝かされているのです

片やお金を寝かすなと言われて在庫と戦う工場の努力の陰で、多額にお金を寝かそうとして躍起になっている経理財務の方々の存在は悲劇です。勤勉なはずの私たち日本人の努力が実を結ばず、日本のモノづくりと経済が沈んでいった背景に、古い常識が作り出す無意味な潰し合いがあったのでした。

言い換えれば、工場と財務経理の方々が、会社が目指すべき在庫や現金のあるべき姿をしっかりと話し合い、共通の目標に向かって頑張れたなら、どれだ

け多くのことが達成できるでしょう！　無意味な棚卸前後の小細工を止め、年15 ％（棚卸を毎月やるなら年 46 ％）もの期間、事業活動に本気で集中したら、どれだけ業績を回復できるだろうかと考えるとワクワクします。この問題の解決なくしてサステナブルな経営などあり得ません。

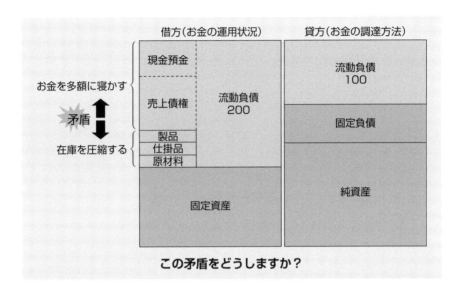

これまで、見せかけの在庫削減（棚卸日だけ在庫削減する）が行われてきた背景に、在庫管理の伝統的な指標である「在庫回転率」の計算方法に重大な欠陥がありました。それは、この指標が 1 年間の売上高を棚卸日 1 日の在庫高で割って求めるものだということです。ですから棚卸日以外の日にどれだけ在庫が膨らんでいても関係ないのです。本当に在庫の圧縮が大事なことだと思うなら、棚卸日 1 日だけではなく 1 年間を通じて毎日の在庫を把握できる仕組みを作るべきです。その一方で、在庫削減を工場に指導してきた方々も、毛嫌いせずに貸借対照表（B/S）をチラッと見れば、現金そのものが多額に寝かされていることに一瞬で気づけたはずです。やれること、やるべきことがまだまだ山ほど残っていることに、1 日も早く気づいてください。

▶▶不正直指数をゼロにするという提案

　期末日に実地棚卸をするのは 100 年前の社会情勢によるものです。当時は紙と鉛筆を握りしめ実地に数えるしか在庫把握の手段がありませんでした。今日でも盗難・破損の有無の確認や過誤を修正するという意味はあります。管理精度を上げるため半期毎、四半期毎、毎月の実地棚卸が目指されることがありますがナンセンスだと思いませんか？　真に精度を上げるなら、在庫の把握は毎日やりましょう。それは別段、難しいことではありません。毎日夕方に在庫管

理システムを閉じてから在庫高を出力すれば十分です（電子･棚卸）。在庫回転率の計算にもこの数字を使いましょう。そうすれば、棚卸日だけ在庫高を減らして在庫回転率を飾って見せるという無意味な行動は解消されるに違いありません。

　そのために私は「不正直指数/Dishonesty Index」という指標の管理を提案しています。これは、実地棚卸の在庫（財務諸表上の見かけ）と、電子棚卸の在庫（通年の本当の平均在庫）から計算される指標です。不正直指数がゼロでないなら、会社の在庫削減が見せかけになっている証拠です。

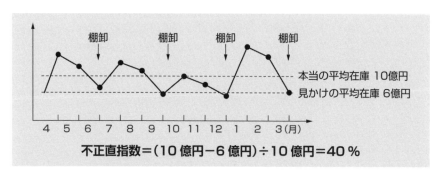

不正直指数＝（10億円－6億円）÷10億円＝40％

<期末だけの在庫削減の弊害>
✔ 機動的な購買戦略や在庫戦略が発動できない（価格高騰と戦えない）
✔ 通年で見ればお金は寝ている
✔ 不合理な在庫削減の要請が、さらに重大な不正の入り口になっていく

▶▶5つの在庫回転率を管理しよう
　ところで従来の在庫回転率とは、在庫の全てに対し一括計算されるものでした。しかし本来なら①材料在庫、②仕掛在庫、③製品在庫、④売上債権、⑤現金預金にわけてしっかり管理すべきものだと思います。もちろん不正直指数＝ゼロという前提です。これらの5つの金額は全て貸借対照表から簡単に読み取ることができます。そして計算されてくる5つの回転率の目標が全て同じであってよいはずはありません（絶対に！）。

★①材料回転率
　供給の安定化や納期短縮への備えを考えれば、材料在庫の回転率の目標値は低めにすべきでしょう（つまり材料在庫をしっかり持つ）。

★②仕掛品回転率と③製品回転率
　作ったものがムダに廃棄されたりしないためには仕掛在庫の回転率や製品在

庫の回転率の目標値は高めにすべきでしょう（仕掛品や製品は少なめに持つ）。

★④売上債権回転率と⑤現金預金回転率

　そして、経理財務の方が知らぬ間に現金を多額に寝かしてしまわないようにするため（！）、売上債権の回転率や現金預金の回転率も適切に管理していかなければなりません。「戦う会計」でバランス点を見つけてください。

▶▶本当に寝ているお金は自己資本

　実は、「寝ているお金」という意味で、在庫よりはるかに深刻な状況にあるのが自己資本（特に内部留保）です。これは資本主義や株式会社の存続すら危うくする日本の危機であることを知っていただきたいという思いが、私が「在庫≠お金が寝ている」という指摘をしている１つの理由です（ヒント41参照）。

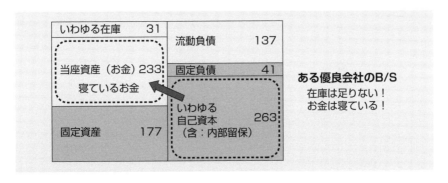

　今までの在庫管理はまるで不正の練習をしているようでした。

理由はわからないけどやる、見かけだけ、期末だけ、工場だけやる……

　そうした姿勢が、さらに深刻な不正に繋がります。貸借対照表全体に気を配り、５つの回転率の１つひとつのあるべき姿を考え、全員で率直に話し合うことは、お客様指向の経営への回帰であり、ビジネスモデルの見直しにも繋がります。社内の風通しが良くなり、協力体制も回復し、何より数字を見かけだけごまかすという悪弊を断ち切れます。それが21世紀を生き抜き、サステナブルな経営を実践するために必要な一歩であることを疑う人がいるでしょうか？

21世紀を生き抜く会社作りのヒント

今まで　「お金を寝かすな」と言いながら、当座資産には全く無関心でした
今後は　「戦う会計」とB/Sを使って、真の資金効率を改善しましょう！

「ゼロ在庫」という指示は、やる気のなさの証拠！

「ゼロ在庫」はかなりずさんな目標設定です。在庫を見直すことはビジネスモデルを見直すことです。従来、聖域になりがちだった在庫に真剣に向きあうことで、社内の風通しは良くなり、サステナブルな経営に近づけます。そんな在庫問題の整理をしてみましょう。

▶▶株主の存在を無視した流動比率の目標設定

　今まで在庫を減らすべきだと言われてきた理由の１つに「在庫が寝るとお金が寝る」という説明がありました。しかし現実にはお金は多額に寝かされています。それは財務会計の KPI に流動比率と呼ばれるものがあるからでした。流動比率とは、流動資産÷流動負債で計算される指標ですが、一般的に高ければ高いほど良いとされ、目標値は 150 ％〜200 ％です。即ち流動負債（すぐに返済しなければならない借入金）の 1.5〜2.0 倍の流動資産を寝かすことが財務的に当然の目標とされてきたのです。こんな指標がある限り、どんなに頑張って工場在庫を減らしても、多額のお金が寝ている状況は変わりません。

流動比率は、流動負債の 1.5〜2.0 倍の流動資産を要求している

▶▶経営セオリーが、環境変化に追いついていない

　昨今、感染症の流行や戦争、気象災害などでサプライチェーンが途絶する事例が増えました。原材料価格も高騰しています。もはや、ジャストタイム購入が通用する幸せな時代は終わってしまったと考えるべきです。特に原材料については、まとめ買いや相場買いを視野に入れた柔軟な購買戦略が必要になっています。今日もなお、ゼロ在庫（工場在庫のやみくもな圧縮）を指導する専門

家の方々は少なくないですが、製品の安定供給と納期短縮が新たな競争力の源泉になってきたという現状に鑑みれば、当座資産（売上債権や現金預金）を適切に圧縮し、その分、原材料をきちんと確保できている B/S の方が前向きでバランスが良いのではないでしょうか。

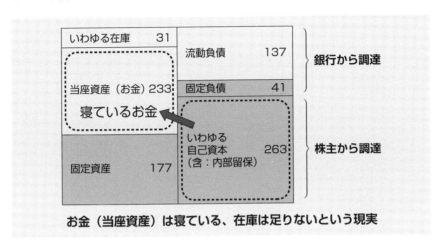

お金（当座資産）は寝ている、在庫は足りないという現実

▶▶新しい在庫管理（その1）…目標はゼロ在庫ではなく最適在庫

　従来の国内製造業では「ジャストインタイム」「リーン生産」等と言われて、極端なゼロ在庫が指向されてきました。しかし

ゼロ在庫は会社側の勝手な都合であって

お客様のための発想ではありません。協力会社にジャストインタイム納入を要求しておきながら、お客様は半年も待たせて平気という製造業の慣行は異常です。その一方で、自社製品や自社工場を持たない流通業において、お客様のニーズを最優先した発想に基づく「最適在庫」（ゼロ在庫ではなく）が指向されてきたことは対象的です。製造業も、お客様のニーズを最優先した発想に回帰することにより、新しい価値を生み出せる場面が多々あるのではないでしょうか。

▶▶新しい在庫管理（その2）…5つの在庫回転率を個別に管理すべき

　前項で述べたように、サプライチェーンを辿ると、銀行から借り入れた運転資金は、現金預金➡原材料➡仕掛品➡製品➡売上債権➡現金預金というサイクルを循環しています。本当にお金を寝かさないようにするなら、工場在庫（原材料〜仕掛品〜製品）だけを叩いても意味はなく、当座資産（売上債権や現金預金）もバランス良く管理しなければなりません。そういう視点を欠いた従来

の

と感じます。原材料～仕掛品～製品～売上債権～現金預金のそれぞれについて
合理的な回転率の目標を定め、その目標に向かって正しい PDCA を回しましょう。そういう仕組みがなければサステナブルな経営は実現できません。

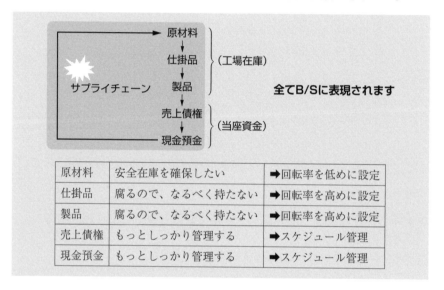

原材料	安全在庫を確保したい	➡回転率を低めに設定
仕掛品	腐るので、なるべく持たない	➡回転率を高めに設定
製品	腐るので、なるべく持たない	➡回転率を高めに設定
売上債権	もっとしっかり管理する	➡スケジュール管理
現金預金	もっとしっかり管理する	➡スケジュール管理

▶▶新しい在庫管理（その３）…通年の管理／不正直指数をゼロに

お金を寝かせたくないなら、期末日（あるいは実地棚卸日）だけ在庫削減しても意味はなく、毎日管理する必要があります。不正直指数（ヒント 22 参照）をできるだけゼロに近づけなければなりません。

▶▶新しい在庫管理（その４）…在庫金利の管理

お金が寝ることの弊害は、余分な借り入れに伴う在庫金利の負担です。そしてこの在庫金利は、販売活動に比例して発生する変動費だと言えます。ですから在庫金利もサプライチェーン上の変動費の１つとして組み込み、付加価値の最大化に向かってバランス良い管理を目指さなければなりません。

▶▶新しい在庫管理（その５）…流動比率の見直し

そもそも流動比率 150～200 ％というのは、多額の自己資本が在庫調達資金に混入しているという状況を作り出します（99 頁の図を参照）。それが理想とされてきた背景には、長年日本を蝕んできた思い込み「自己資本＝タダ金」の

影響があったのかもしれません（ヒント41参照）。しかし自己資本は、出資者にとってハイリスク・ハイリターンな投資（元本と利率が確約されない代わりに、高い利回りが期待される資金）であり、無為に寝かされるべきものではありません。高い流動比率＋高い自己資本比率の組み合わせが、過度に銀行側の安全性に傾き

必ずしも、株主にとっての優良会社ではなかった

（それは事業の弱体化という意味で、銀行のためにもなっていなかった）という視点が必要だと感じます。

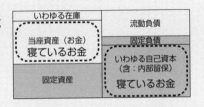

21世紀を生き抜く会社作りのヒント

今まで お金は寝ているのに在庫は足りず、意見すら言えない状況でした
今後は 本気で在庫を考えれば、ビジネスモデルすら変わってくるはずです

崩れ去ったゼロ在庫神話、時代は罪子から財子へ！

「会計なんか無用」という意見がありました。会計なんか使わずに業績を
回復できたのだと。でも、その業績回復も何らかの会計で把握されたもの
だったはずです。事業のどこがうまくいっていないのか？　何をすればよ
いのか？　実際にうまくいったのか？　を知る手段を「会計」と呼びます。

▶▶ゼロ在庫から、「戦う会計」へ

　エネルギー・原材料などの値段が高騰し、厳しい経営環境になりました。こ
れは一時的な「波」ではなく、地球規模の構造的な変化「大津波」です。需給
バランスの乱れによる短期的な乱高下はありながらも、今後は基調としての価
格高騰のトレンドは不可避だと覚悟を決めるべきでしょう。ゼロ在庫やジャス
トインタイムといった平和な時代のセオリーは過去となり、新しい戦い方が必
要になっています。そんなとき、経営をサポートするのが「戦う会計」です。

▶▶「戦う会計」による検討のイメージ

　例えば、現状すでに赤字の事業があり、材料費やエネルギー費の高騰によっ
てさらなる状況悪化が見込まれる場合、経営はどのように対処すべきでしょう
か？　「戦う会計」を使って検討してみましょう。

**材料費高騰の影響を織り込んだ結果、キャッシュ
フローがマイナスになってしまった。材料費はこ
れからも上昇していくと予想されている。**

**電気代は長期契約であったためしばらく上昇を免
れていたものの、次回の契約更新の時に50％の
値上げを通告されている。**

売上高	100
－①材料費	－70
－②変動労務費	－6
－③エネルギー費	－4
－④外注加工費	－6
－⑤外注物流費	－9
－⑥在庫金利	－1
＝付加価値	4
－全ての固定費	－6
≒キャッシュフロー	▲2

＜経営者が対策として考えたこと＞

　この事業の経営者は、高騰を続ける原材料費を少しでも節減するための「まとめ買い」の検討を始めました。毎日の発注業務を毎週の発注業務に変更することで、自社と先方の業務を簡素化し、彼我の効果を合わせて実質的に16％の原材料費削減効果があるだろうと想定しました。原材料の発注が日次から週次に伸びることに伴って在庫を2倍に増やすことを検討していますが（デメリットの評価を参照）、在庫が増えることによって積極的な販売が可能になる局面もあり、近年下落が続いていた販売価格を、製品の納入納期の短縮効果によって10％程度は回復できるとの予測もあります。

＜指摘されたデメリット＞

　原材料の発注頻度が、日次から週次に伸びるため、消費量に関する予想精度が低下します。そのため、確保する目標在庫量を50％以上は増やして欲しいとの要望が販売部門から上がってきました。そこで積極販売の効果も狙って、在庫を2倍に増やすことを検討しています。もちろん在庫量が2倍になれば、在庫調達にかかわる運転資金の金利も概ね2倍に増えてしまうことになり、在庫期間が延びることによって廃棄損が保有在庫の2％程度は発生してしまうだろうとの報告も上がってきています。

　さらに検討を進めた結果、納期短縮の効果を十分に出すためには配送費を56％程度増やさなければなりません。社内でも正社員の増員で固定労務費が2倍、事業資金の追加調達で資本コストも2倍になると見積もられています。昔からお世話になっているコンサルタントの方からは、従来のゼロ在庫ポリシーやジャストインタイム購買に違反していると指摘されていることもあり、経営者は判断ができずに困っています。

＜メリットとデメリットの見積もり＞

　何かを変えようとする時、「できない理由」がたくさん挙がってきてしまうことが多いものですが、こういう場合にはメリットとデメリットをなるべく数値で評価し比較していく必要があります。上記の事例において在庫を2倍に増やすことのメリットを拾い上げると以下の通りとなります。

✔ 材料まとめ買い→値引きで材料費16％減
✔ 納期短縮の効果→売価の回復10％

同様に、在庫を2倍に増やすことのデメリットを拾い上げると以下の通りとなります。

> ✔ 材料の廃棄損による原材料費の増加2％
> ✔ 在庫金利の増加100％（2倍になるということ）
> ✔ 納期短縮のための外注物流費の増加56％
> ✔ 納期短縮のための固定労務費の増加100％（2倍になるということ）
> ✔ 納期短縮のための資本コストの増加100％（2倍になるということ）

　こうした評価を適切に行うためには、日頃の業務で「戦う会計」をしっかり使い込み、その形に沿った作業をしていけば漏れなく取り組むことができます。

＜メリットとデメリットの「戦う会計」への反映＞

在庫を増やすことの可否について最終的な結論を出すために、評価されたメリットとデメリットを損益計算に順次反映していきます。結果はメリットが上回りキャッシュフローが増えると予想されたので、在庫増加は「GO」です。

売上高	100	10％増	110	＋10
－①材料費*	－70	14％減	－60	＋10
－②変動労務費	－6		－6	
－③エネルギー費	－4	50％増	－6	▲2
－④外注加工費	－6		－6	
－⑤外注物流費	－9	56％増	－14	▲5
－⑥在庫金利	－1	100％増	－2	▲1
＝付加価値	4		16	＋12
－⑦ヒトの固定費	－2	100％増	－4	▲2
－⑧モノの固定費	－1		－1	
－⑨カネの固定費	－3	100％増	－6	▲3
≒キャッシュフロー	▲2		5	＋7

（＊材料費の計算：値引き効果は16％ですが、廃棄損も2％増えるので、全体で約14％です。）

▶▶「戦う会計」でなければ、資本コストの達成状況が分からない

実は、ここまで行ってきたようなシミュレーションを従来のP/Lで行うことはできません。従来のP/Lは変動費と固定費が複雑に入り交じっているので厳密な復元は不可能なのですが、概ね下記のような比較になると思われます。売上総利益が付加価値（変動利益）と一致しないことや、費用の内訳が見えないという問題ばかりではなく、最終的な結論（ギリギリで赤字回避±0 vs 赤字▲2）すら異なってしまっていることに注目してください。これは従来のP/Lが、自己資本をタダ金とみなして寝かしており、その資本コストを考慮していなかったことによってもたらされる不備です。こんなP/Lを使っていたら経営がうまくいかないのは当然です。

売上高	100
−売上原価	−86
＝売上総利益	14
−販管費	−12
＝営業利益	2
−営業外費用	−2
＝経常利益	±0

従来のP/Lの表記
（赤字をギリギリ回避）

売上高	100
−①材料費	−70
−②変動労務費	−6
−③エネルギー費	−4
−④外注加工費	−6
−⑤外注物流費	−9
−⑥在庫金利	−1
＝付加価値	4
−⑦ヒトの固定費	−2
−⑧モノの固定費	−1
−⑨カネの固定費	−3
≒キャッシュフロー	▲2

戦う会計の表記
（本当は赤字だった！）

21世紀を生き抜く会社作りのヒント

今まで　「在庫を持つ」「在庫を持たない」の判断基準がありませんでした
今後は　「戦う会計」でメリット／デメリットを比較し、最適化しましょう

専門家も知らなかった！　内部留保はタダ金じゃない

在庫管理で語られた「在庫が寝ている＝お金が寝ている」は間違いでしたが、「お金を寝かしてはいけない」は本当です。むしろそれが正しく認識されずに徹底されてこなかったことに問題がありました。ではなぜ、お金を寝かしてはいけないのかを考えてみましょう。

▶▶商売成功の秘訣として始まった複式簿記

　今日の企業会計の核心をなす複式簿記は、日々の活動の中で現場が作り出したものですが、その発明者が誰だったのかはわかっていません。1494年にイタリアで出版された書籍の中で「商売成功の秘訣」として紹介されているそうですから、すでに複式簿記が広く使われていたのは確実です。当時は大航海時代の真っただ中で、1492年にはコロンブスがアメリカ大陸を発見しています。この大事業は、スペイン国王や貴族の出資に支えられたものですが、コロンブス自身はイタリア商人でしたから、複式簿記をよく知っていたと思われます。各国の王様や貴族に何度も何度も断られながらも、遂に遠征資金を獲得してアメリカ発見を成功させ、その後も何度も遠征できたのは、まさに複式簿記を軸とする「商売成功の秘訣」あってのことでしょう。コロンブスのような事業家（！）の活動を支えた会計が、今日の企業会計の骨組みになっていったのです。

コロンブスは事業家だった

▶▶冒険者達が負っていた重い責任

　「コロンブスの卵」の喩えもあるように、勇気ある航海を成功させた偉大な英雄として称えられてきたコロンブスですが、近年では厳しい評価が下され、銅像が撤去されたりもしています。その批判の原因は、コロンブスの奴隷商人

としての側面にありました。もちろん奴隷貿易は絶対に容認されることではありませんが（！）、コロンブスがどうしても奴隷を連れて帰らなければならなかった事情は知っておかなければなりません。それは、未知のアメリカ大陸に向かう航海が、文化事業として認可されたのではなく、営利事業として認可されたものだったということです。失敗のリスクが高い事業に出資したスペイン国王が要求する見返り（つまり利益）は膨大なものだったはずです。

　当時の事業活動の緊張感は、1597年頃にシェイクスピアが書いた「ヴェニスの商人」からも感じ取ることができます。所有していた貿易船の難破という事故によって借金が返せなくなった主人公は、契約に従って自分の肉1ポンドを支払えと迫られます（実質的に「命で贖え」ということ）。これが、資金提供者からお金を預かって事業活動を行う者が担う重い責任なのです。

> 「そういうことならば、アントニオよ」ポーシャは言った。
> 「そなたは胸をナイフて切られなければならぬ。」
> そしてシャイロックがとても熱心に、肉を1ポンド切り取るための長いナイフを研いている間に、ポーシャは
> アントニオに言った。
> 「なにか言うことはあるかね？」

命で贖えと迫る資金提供者（ヴェニスの商人）

▶▶実は、株式会社も同じ責任を負っている

　今日の株式会社は、大航海時代の冒険家の末裔ですから、やはり資金提供者に対する重い責任（根本的責任）を負っています。大航海時代の資金提供者は王様でしたが、今日の資金提供者は株主です。元利保証された預金や債券投資とは異なり、株式投資はリスクが高い投資ですから（紙くずになることもある！）、株主が要求する見返りは大きいのです。万が一、その見返りが達成されなければ、株式は捨て売りされて株価は暴落し、会社は敵対的買収の餌食になるでしょう。敵対的に買収された会社は解散され、金目の資産は売り払われて死を迎えるというのが資本主義社会の根本的な掟です。その厳しさは、今日もヴェニスの商人の時代と何ら変わりありません[1]。

(※1)　少し古い映画になりますが、アメリカの「プリティ・ウーマン」が、敵対的買収についてわかりやすく描写していました。

ところがどうしたことか、国内の多くの書籍や会計・財務・税務・経営の専門サイトで（！）、株主からの出資（自己資本／利益剰余金などの内部留保も含む）はタダ金だと説明されてきました。それは例えばこんな感じです。

✓ 自己資本比率が高ければ、返済義務のないお金を潤沢に持っていることになる。自己資本比率の低い状態が続いている会社は金利負担が重いということになる※2
✓ 株主からの調達した資金である自己資本は、業績が好調な時には株主に対して配当金を支払う必要がありますが、業績が悪くなった時には配当金の支払いを見送ることができます※3

（※2）自己資本の方が金利負担は高いです（株主から要求される見返りという意味で）。
（※3）業績が悪かったからといって（航海が失敗したからといって）、株主への見返りゼロが容認されることはありません。なお、配当されても／されなくても会社の自己資本（内部留保も！）は株主のお金です。それが配当されなかった場合には、自己資本が増加→会社の価値が増加→株価の上昇として、株主は見返りを手にするだけです。

　この「自己資本はタダ」という根深い誤解は、資本主義を揺るがす致命的な誤解です。「日本企業は自己資本（株主のお金）を多額に寝かして効率的経営を行っていない」というのが世界の投資家の目線です。結果的に、世界の成長を尻目に日本の株価やGDPは低迷し、株式運用によって支えられるべき年金や退職金は崩壊しつつあります（今は401kの時代です！）。これでは日本には資本主義を名乗る資格すらありません。最近さすがに「自己資本はタダ」とストレートに書かれたコンテンツは減ったように感じますが（拙著も少し貢献したかもしれません）、大事な基本がいまだに理解できていない専門家が少なからずいらっしゃるようです。

▶▶株式会社が根本的責任を果たすための会計
　ところで、サステナブルな経営とは何を目指す経営だったでしょうか？　皆さんの中には、会計に苦手感がある方もいらっしゃるかもしれません（私もそうでした）。しかしサステナブルな経営とは、結局のところ、厳しい環境の中で会社が損益を改善して生き残り、根本的責任を果たしていくためのものですから、会計が不可欠です。それなのに、私たちが会計から逃げ回っているうちに、会社も、会計も、会計専門家も、日本のモノづくりも、日本の資本主義も、とんでもないことになってしまいました。

会計を、かび臭い知識のコピペにしてはなりません

　本気でサステナブルな経営を目指すなら、会計を現場に取り戻しましょう！ 会計は、困難な時代を生き抜く羅針盤であり、未知の航海に踏み出す私たちの勇気を支えるものだからです。

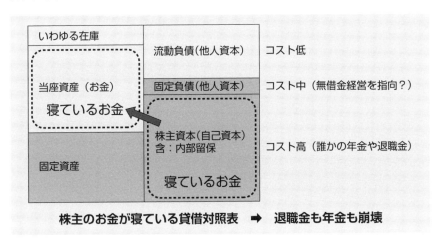

株主のお金が寝ている貸借対照表 ➡ 退職金も年金も崩壊

　例えば「10秒で貸借対照表を読む方法」などとして専門家が喧伝しているのは、流動比率と自己資本比率が十分に高いことをチェックするというものですが、その極めて常識的な会計知識が、日本経済低迷の1つの原因になってきたことは、今までほとんど指摘されてきませんでした。

21世紀を生き抜く会社作りのヒント

今まで　自己資本は、返済と利子が不要なタダ金だと誤解されてきました
今後は　内部留保の多さではなく、それが活かされていないのが問題です

こんな日本じゃ、資本主義を名乗る資格すらない

　混乱も多かったようですが、「在庫を減らせ」と言われてきた根本的な理由は資金効率の改善です。在庫が寝れば、運転資金を余分に借り入れなければならなくなるので金利が発生します。正常な資金循環サイクルを前提とすれば在庫は売上高に比例して増減すると想定されるので、売上高と在庫額の比である在庫回転率が在庫量の正常／異常を判断するための重要指標とみなされてきたのでした。しかしいつしか在庫回転率は独り歩きをはじめ、見かけを良くするためだけに期末日の極端な在庫削減が行われたりします。その一方で、貸借対照表（B/S）の重要指標の１つである流動比率の要請から、当座資産（現金や売上債権）が多額に寝かされ続けているという現実については、案外認識されていなかったようです。

　高い在庫回転率と高い流動比率を両立させるため、在庫は不適切に圧縮され、お金は多額に寝かされているという矛盾は悲劇。結果として国内経済の停滞は本当に深刻です。しかも寝かされているお金は、株主（私たち）が高いリスクを負って運用している退職金や年金なのです。国際比較で見て日本の株価が低迷していることや、退職金や年金が崩壊しかけているのは当然ですし、そんな経済社会がサステナブルであるはずもありません。こうした問題を解決するには、在庫金利の発生状況や資本コスト全体（他人資本分＋自己資本分）の達成状況をしっかり管理していくことが不可欠だと感じます。それが「戦う会計」です！

そうだったのか！

ガリレオ・ガリレイ

生産性がサステナビリティの鍵！
生産性が向上する会計の形

「生産性向上、生産性向上、生産性向上！」

どこに行っても言われます。ところが案外、生産性の定義はあいまいでした。勤勉なはずの日本の生産性は、今や先進国最下位です。勤勉なのに生産性が低いのは努力の方向が間違っているから、努力の方向が間違っているのは会計指標が間違っているからです。あいまいな定義の生産性と間違った会計指標が、

勤勉なのに生産性が低いという悲劇

を生みました。これからもし真のサステナビリティ（生き残り）を目指すなら、私たちはきちんと生産性を定義した上で、正しい会計を使い、今度こそ本気で生産性向上というテーマに向き合わなければなりません。なぜなら真に高い生産性こそが、事業のムダや資源のムダをなくし、環境負荷を軽減し、資源価格高騰から事業を守り、結果として競争力ある日本を再生するものだからです。

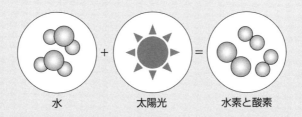

水　　　　太陽光　　　水素と酸素

勤勉なのに生産性が低い！　日本の悲劇の原因はどこに？

勤勉な国民性を誇る日本の生産性が、とうとう先進国最下位になりました。明らかに私たちの努力は方向が間違っていたのです。とっくに意義を失った活動から私たちが卒業できなかったのは、正しい会計で活動を検証し日々の行動や事業の方向性を修正してこなかったからでした。

▶▶日本のモノづくりの悲しい現実

「カイゼン不正」というのはとても悲しい現実です。しかし多くの方々に、従来の活動の限界と、その先にある新たな可能性を見いだしていただきたいというのがこの話をする私の思いです。ヒント18では、従来のP/Lにおいて費用が逃げ回っているという話をしました。特に売上原価から販管費への費用の付け替えが、多くの現場で日常的に起こっています。結果として

✔ カイゼン大会で、全てのチームが30％の生産性向上を発表したのに、損益は全く改善していない

✔ 目標が80円、実績79.9円だったと報告された新製品の試作原価が、実際には800円だった

等々。でも今回はそれよりはるかに怖い不正の実例です。

▶▶なぜ会計数字で検証しないのか？　ある海外工場での体験

「カイゼン」は、長年日本のモノづくりが誇ってきた品質改善や生産性向上のための自主的な取り組みです。ところがそのカイゼンが、いつの間にか形骸化し、有害な活動に変貌してしまったことは、あまり知られていません。

ある海外工場で、毎年15％のカイゼン成果が報告されていました。10年で400％も生産性が向上した（！）というのですが、損益は変わらず、工場の景色も同じ、作業者の方々には何の実感もない……。計算方法に誤りがあることを案じた私は、400％の実態を知るため、会計監査で用いられる手法を用いて作業日誌とタイムカードの突合を試みました。作業日誌はカイゼン活動における生産性の計算根拠になるものですし、タイムカードは経理上の支払いの根拠になるものです。しかし、残念ながら両者の締め日は食い違っていました。作業日誌の締め日は毎月末、タイムカードの締め日は毎月20日、だったのです。これでは突合ができません。

月	火	水	木	金	土	日	
14	15	16	17	18	19	20	} **タイムカード**
21	22	23	24	25	26	27	(20日締め)
28	29	30	1	2	3	4	
5	6	7	8	9	10	11	
12	13	14	15	16	17	18	
19	20	21	22	23	24	25	
26	27	28	29	30	31	1	

作業日誌
（月末締め）

なぜ、集計範囲を一致させないのだろうか？

　両者を突合するには、作業日誌の後半10日分のデータを切り取って翌月の前半20日分のデータとくっつければよいのですが、その作業を、タイムカードを管理する当該工場の人事部長に依頼すると「2人がかり1週間はかかる膨大な作業なので無理」という回答でした。「では自分でやるので生データを下さいな」と依頼すると「個人情報を含むので送れません」。半年もやり取りした挙句、とうとう自分でその海外工場まで出向くことになってしまいました。

　実際にやってみると、30分くらいですむ簡単な作業でした。そして

嫌な予感はしていたのですが……

おかしなことを発見してしまったのです。作業者3000人分のタイムカードのうち、15％（450人分）の作業日誌が見つからなかったのです。ヒアリングを進めると……

事実1） 150人分はカイゼン担当者の机の下から出てきました。担当者にヒアリングすると、「工数が減ったと報告すれば本社も喜ぶし、本社が喜べば私たちも嬉しい。いけないことでしたか？」　とのことでした。
事実2） 150人分は、補助的・間接的な作業（みずすまし）だという理由で、工数のカウントから意図的に除外されていました。
事実3） 最後の150人分の日誌は行方不明でした。いったいどこへいったのか？　とうとう最後まで、この日誌は見つからなかったのでした。

　この海外工場で何が起こっていたかおわかりでしょうか？　お金の支払いがあるのに活動実態の記録がない……。会計監査なら、これは横領すら疑うべき極めて危険な場面なのです。状況を整理すると、現地の責任者はたった1人で10年間も日雇い作業者3000人の手配をしていました。そしてたった1人の日

本人駐在員が、月に１回、顔もわからない3000人もの方々の作業日誌をチェックしていたのですが、適切な管理ができたはずはありません。（因みに現地の責任者は日本人駐在員の面倒見がよいと評判の方ではありました）とは言え、監査ではなかったので深入りは避けました。一同が未来に向かって費用管理の仕組みをきちんと改善し、作業日誌とタイムカードの締め日を揃えることだけを提案して帰国したのです。こうして150人分の労務費が真に（！）削減されたのでした。

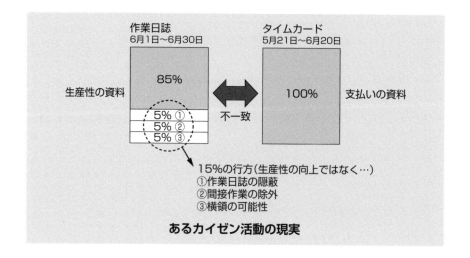

あるカイゼン活動の現実

▶▶真のサステナビリティへの道

　今から10年前、生産技術者だった私は、会計の道に進むかどうか迷っていました。日本のモノづくりが停滞している原因が、「お金の見える化」ができていないことにあると感じはじめていたからです。ところが周囲の方々から「技術はお金じゃ測れない！」「技術者の魂を捨てるのか？」と厳しい言葉をいただいていました。前途の厳しさに悩んでいると、あるベテラン会計士の方からこんなお話を伺ったのです。

　「かつて『しっかりした経理担当がいるから大丈夫』と言われていた支店がありました。それゆえに10年以上も監査を受けていなかった。私が監査を担当した時、いやな予感がしたのです。無理にお願いしてその支店に初めて往査に行った日、経理担当は行方不明になりました。夕方になって海に浮かんでいる所を発見されたのです。調べたら数百万円の横領が発見されました。でもね……その経理担当が悪いんじゃないのです。

全て現場任せにして、チェックもせずに放置していた

マネージメントのやり方にこそ問題がある。それに早く気づいて適切な指摘ができたなら、会社も、担当者の命も、救えたかも知れない……　それがお金の監査という仕事なのです。」

　管理者がコストの内訳すら調べずに無茶な目標を押し付ける。現場の声に耳を傾けない。現地の駐在員を増やさず、頑張っている現地人のキーマンを正社員に登用しない。生産技術と経理部門は連携して活動しない。結局、全員が頑張っているのに成果が出ない。担当者は途方に暮れて数字の捏造に走る。費用を付け替えたり、実体のない在庫削減を報告する。400％も生産性が向上したはずなのに

工場の景色も損益も変わっていないことに、誰も疑問を感じない

　どうして日本の製造業は変われないのでしょうか？　やはり私たちは、お金の話から逃げずにカイゼンに取り組まなければならないのです。それが究極のムダ取りであり、会社や社会を救う道だからです。今までどれほどの頑張りが見せかけだけの成果で終わっていたかに鑑みれば、手付かずの宝の山は膨大です。経営・人事・経理・製造そして生産技術が連携して活動すれば、

途方もないコストダウンや CO_2 削減が実現できる

でしょう。何より、風通しの良い社風、現実にきちんと向き合う文化が生まれ、新たな発想や力強いイノベーションに繋がるに違いありません。それが真のサステナビリティ実現への道です。

　やっぱり「技術」はお金で測らなければなりません。そして私は、今も技術と会計と人を愛する技術者であり、会計士であり、工場経営者です！

21世紀を生き抜く会社作りのヒント

今まで　現場と会計が連携せず、間違った活動が放置されていました
今後は　成果を会計で検証すれば、本当にやるべきことが見えてきます！

「生産性を向上せよ」「了解！でも生産性って何ですか？」

勤勉なはずの日本の生産性が、先進国グループから脱落してしまったと言われます。サステナビリティ（生き残り）への道は遠い。何度も何度も生産性向上の必要性が叫ばれながら、その定義すら明確にされてこなかった日本の会計や経営の現状に、大きな課題があったことを感じます。

▶▶そもそも定義があいまいだった生産性

　世界が生き残りを目指して戦っています。そんな中、日本の生産性が先進国最下位になり、さらに順位を落とし続けているのは深刻な事態です。勤勉な国民性だったはずの私たちの生産性が低いのは、頑張り方が間違っているからです。頑張り方が間違っているのは会計や指標が間違っているからです。

　ところで、そもそも生産性って何でしょう？　どこに行っても「生産性を上げなさい」と言われます。しかしその正しい定義を言える方は少ないのではないでしょうか？　従来、多くの現場で使われてきた生産性の式は

生産性＝（標準時間－実績時間）÷標準時間

でした。例えば標準時間 20 分の作業を 10 分に短縮できれば、生産性が 50 ％（＝（20 分－10 分）÷20 分）向上したと評価されるでしょう。これは約 100 年の科学的管理法のノルマ管理に由来するもので、多くの方が馴染んできた計算方法です。しかしここに 3 つの致命的な限界があったことは、あまり知られていなかったように思います。

▶▶標準時間で生産性を測ることの 3 つの限界

　標準時間で生産性を測ることの限界の 1 つ目は、標準時間への期待はともかくも、それを適切に決めるのは現実的に極めて難しいということです。結果的に標準時間を保守的に見積もるケースが多いのですが、その場合、生産性向上が自動的に演出できてしまいます。実際にある工場では、毎年投入される新製品の標準時間が保守的に（長めに）見積もられていました。そのため、毎年 15 ％の生産性向上が自動的に算出されてしまっていたのです。10 年間で 400 ％も生産性が向上したと言って祝賀会さえ行われたのですが、「損益は何も変わっていない」と経理の方が不思議がっていたのが印象的でした。そんな疑問を日本中で放置してきた経理部門と生産技術の連携不足は本当に深刻です。誰かが

116

両者を繋がなければなりません。

115％の10乗≒400％

標準時間で生産性を測ることの限界の2つ目は、仮に従来20分だった作業を本当に10分に短縮できたとしても、その間に稼いだ付加価値が1000円から500円に減っていたら生産性が向上したとは言えないことです。

標準時間は会社が勝手に設定するものであり

客観的な評価基準になりません。本当の生産性評価には、標準時間ではなく付加価値が必要なのです。

ある製品の製作時間 20分➡10分 生産性 $\dfrac{(20分-10分)}{20分}$ =50％向上	ある製品の製作時間 20分➡10分 その製品の付加価値 1000円➡500円 生産性 $\dfrac{1000円}{20分}$=50円/分 ↕向上なし $\dfrac{500円}{10分}$=50円/分
20世紀の生産性評価 **（ノルマ、標準時間、定型作業）**	**21世紀の生産性評価** **（イノベーション、価値創造、非定常作業）**

標準時間で生産性を測ることの限界の3つ目は、この方法では、標準時間を持たない非定型活動の生産性を評価できないことです。今日、同じことを繰り返すだけの単純作業（古いブルーカラー的な作業）は、自動機やロボットやAIの仕事になりつつあります。結果的に、製造／事務を問わず全員のホワイトカラー化が進みました。そんな中、ヒトに求められる新たな役割は「イノベーション」による価値創造に移りました。力を合わせて生産工程や業務のやり方を変革し、高度な生産装置の運用を成功させ、納期を劇的に短縮し、新しい製品やサービスを創出していかなければなりません。そしてこれらのイノベーションは、

標準時間では測ることができない活動なのです

▶▶付加価値で生産性を測る

　正しい生産性は、ある活動が生み出した付加価値を、その活動に投入した資源の量で割って求めます。例えば昨今、「日本の生産性が下がった」と言われる時の生産性の計算式は

「日本国内の付加価値（GDP）÷労働人口」

です。これを事業活動に当てはめれば、「事業活動の付加価値÷従業員数」となるでしょう。しかし事業活動においては労務費の水準を適切に決定していくことも必要ですから、より実戦的な生産性の式は

「事業活動の付加価値÷固定労務費」

になります。ここで変動労務費（コスト）と固定労務費（経営資源）の管理目標が正反対であることに注意してください（ヒント12参照）。変動費（コスト）の目標はなるべく使わないこと（コストダウン）ですが、固定費（経営資源）の目標はしっかり使うこと(生産性向上)です。両者を混同すればコストダウンにも生産性向上にも失敗してしまうことになるでしょう(実際に失敗している)。

▶▶人はコストか？　資源か？

　今、厳しい経済環境の中で人の扱いにけじめがなくなっています。真の生産性回復を目指して状況の整理をしてみましょう。例えばある工場で、労務費を差し引く前の状態で年1000万円の付加価値が稼ぎ出せているとします。この工場で働いているのは義経さんと弁慶さんの2人だけです。弁慶さんはアルバイトなのでコスト（外部費用という意味です）として管理され、コストダウンの対象にもなる存在です。一方の義経さんは正社員なので経営資源（社内の人材）として生産性を問われています。

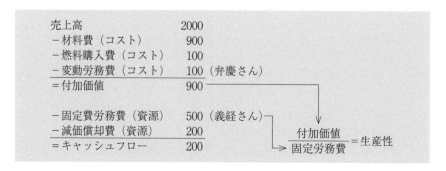

仮に義経さんの労務費が500万円、弁慶さんのアルバイト代が100万円だと

すれば、義経さんの生産性は（1000万円－100万円）÷500万円＝1.8倍と求まります。アルバイトである弁慶さんをムダに使えば（100万円が150万円になるなど）生産性が下がるので、義経さんは弁慶さんに頼りすぎないよう頑張らなければなりません。また、義経さんは正社員なので、自主的な努力と工夫でチームの価値を高めることを求められます。でも、だからといって弁慶さんに自主的な活動を強要すれば、タダ働きの要求となりコンプライアンス違反になるので注意しなければなりません。

弁慶さんは変動労務費（コスト）	義経さんは固定労務費（資源）
経営上の目標は、弁慶さんを使いすぎないこと（コストダウン）	経営上の目標は、義経さんに成長してもらうこと（生産性向上）
弁慶さんの目標は、指示されたことをきちんとやること	義経さんの目標は、自主的な努力や工夫でチームの価値を高めること

▶▶最終的な目標は、イノベーション

　昨今「カイゼン」の名の下に非正規社員がタダ働きを指示されている場面をしばしば見かけるので心配です。ある工場では、「正社員並みに自主的に頑張ります」と約束してくれた非正規だけを採用しているので問題ない、という話を伺いましたが、それはコンプライアンス違反かもしれません。自主的活動を求めるなら正社員に登用すべきですし、正社員に登用できない事情があるなら自主的活動を強要すべきではありません。公正な職場でなければイノベーションが起きないことに注意が必要です。

　一方、正社員の皆さんは、コスト呼ばわりされたりコストダウンの対象にされたりすべきではありません。そうすることでコストとしての姿勢（コストの道）を身につけてしまうからです（ヒント33参照）。正社員の目標は弁慶さんをムダなく使いながら、チーム全体の価値を増やす努力をすることです。もし計算された生産性が着実に向上しているなら、義経さんがブラブラしているように見えても叱ってはなりません。ブラブラしている時間こそがイノベーションの瞬間だからです。逆に、義経さんがどんなに忙しそうに見えても会計的な生産性が下がっているなら指導が必要です。チームの生産性という結果を背負って頑張ることで、義経さんは成長していきます。真のサステナビリティに向かって！

21世紀を生き抜く会社作りのヒント

今まで　人をコスト呼ばわりする一方、生産性の定義は曖昧なままでした
今後は　コスト呼ばわりする前に、人が何をすべきなのかを決めましょう

利益じゃ賃上げに繋がらない、目指すのは付加価値だ！

生産性とは付加価値を稼ぎ出す活動の効率の良否ですから、その向上には必ず付加価値を知らなければなりません。その合計が GDP です。長年日本の GDP が伸びなかった背景には、企業会計が付加価値を見える化して目標にしてこなかったという現実があったことは知られていません。

▶▶利益と付加価値の違い

「利益を出せ！」「付加価値を稼げ！」

利益と付加価値は同じような場面で使われる言葉です。しかし両者は全く違う概念だということを御存じだったでしょうか？　そして従来の経営が利益だけを目標にしてきたことには、きわめて重大な問題がありました。

会社は人々が必要とする財やサービスを供給することで社会に貢献し、売上高という出力を実現します。その売上高を最も合理的なコスト（入力）で達成できた時、入力と出力の差が付加価値になります。即ち付加価値とは、事業活動に対する社会の支持の現れであり、その事業をもっと拡大してくださいというメッセージだとも考えられるのです。そこで会社は、稼いだ付加価値を、経営資源であるヒト（従業員）・モノ（設備）・カネ（銀行と株主）などに計画的に分配し、経営資源のさらなる強化に努めます。このうち株主に分配された部分だけが「利益」と呼ばれるものです。付加価値と利益は全く違うのです。

▶▶付加価値を管理することの大切さ

実は、利益を出すことより付加価値を稼ぐことの方がはるかに困難です。なぜなら事業が社会の支持を失って競争力を喪失し付加価値が稼げなくなっても、ヒトやモノへの分配を削れば利益はしばらく維持できてしまうからです。その意味で利益は操作可能なものです。しかし固定労務費や設備投資を削ればイノベーションは止まってしまいます。サステナブルな経営も実現されません。事業は付加価値を目標にすべきであり、事業の成果も付加価値で測定されるべきなのです。また、利益計算には利害調整（バッチ処理）のための時間がかかりリアルタイムな把握ができないことも、利益だけを指標にした経営の弊害です。

会社は付加価値を稼ぎ、それをヒト・モノ・カネ（銀行と株主）に分配する。株主に分配された部分だけが利益と呼ばれます。

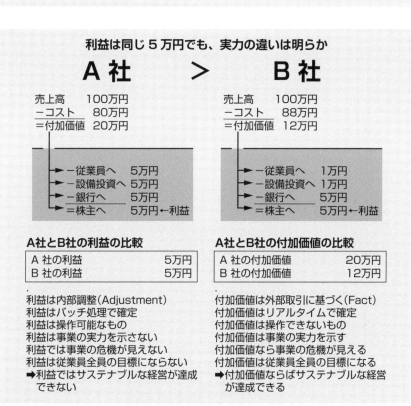

▶▶やるべきこと……まず事業の付加価値を把握しよう

　2050年に向かって脱炭素への長い道程が始まります。しかし最初にやるべきことは手あたり次第の省エネやリサイクルではなく、事業の付加価値の把握です。なぜなら脱炭素のゴールとは、①CO_2排出を削減しつつ、②資源リサイクルによる廃棄物削減も進めながら、③2050年以降も事業をしっかり維持することだからです（事業を止めれば廃棄物やCO_2排出はゼロになりますが、それでは答えになりません）。この時、経済や事業がしっかり維持できていたかど

うかは、付加価値（その会計が GDP として表れる）で測定されることになるでしょう。

▶▶成長と分配の好循環を目指して

事業活動が生み出す付加価値の計算方法は、一般に 2 つあります。

①控除法（中小企業庁方式）…価値を「かせぐ」過程を示す
　付加価値＝売上高 − 外部購入価値（材料費、買入部品費、外注加工費等）
②加算法（日銀方式）…強い会社を「つくる」過程を示す
　付加価値＝経常利益 ＋ 人件費 ＋ 賃借料 ＋ 減価償却費 ＋ 金融費用 ＋ 税

より実用的には、控除法を以下のように読み替えると経営管理上便利です。

売上高−変動費（コスト）＝付加価値

変動費は売上高に比例して外部購入される費用です。変動費はコストでありコストダウンの対象になります。売価を回復するほど、あるいはコストダウンをするほど付加価値は増えます。稼ぎ出された付加価値はヒト（従業員）・モノ（設備）・カネ（銀行と株主）などの経営資源に分配され固定費になります。また、今後のサステナブルな経営では、再エネの維持費も重要な固定費になるでしょう。これらの固定費は経営資源を支え強い会社を作るための支出です。なお、最終的に株主に分配される付加価値が「利益」に相当するものです。

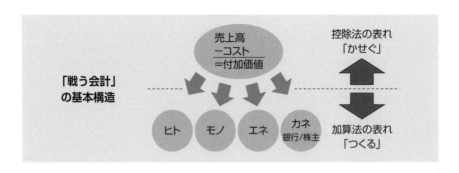

昨今の激しい物価上昇で、事業の成長と賃上げの連動（成長と分配の好循環）が求められています。この循環を成功させるために不可欠なのが付加価値の管理です。従業員の賃上げは付加価値が増えていれば可能ですが、増えていなければ共倒れのリスクを増大させてしまうでしょう。健全なディスカッションのためにも付加価値の管理が不可欠なのです。

▶▶生産性の求め方

　生産性の正しい定義は、事業活動において各経営資源（ヒト、モノ、エネ、カネ）が付加価値を生み出す効率です。ですから生産性は以下の式で求まります。

$$\text{付加価値} \div \text{固定費} = \text{生産性}$$

▶▶労務費叩きだけでは、生産性は向上しない！

　ところで、付加価値を維持／あるいは増やすには何をすべきでしょうか？

　歴史的背景から、製造業の視点は工場の労務費（ブルーカラー）叩きに偏りがちでした。しかし近年の自動化や標準化の進展により、ブルーカラーの労務費は主な勝負どころではなくなってきています。むしろ昨今の新しい勝負所になってきているのは、下表中の「★」に関わる活動です。これこそが、サステナブルな経営の実践において光を当てるべき新しいターゲットなのです。

＜「戦う会計」で、新しいターゲットを見える化する＞

売上高	★	売価 up が、コストダウンより現実的な場合がある。
－材料費	★	皆、戦っています。調達で負けたら話にならない。
－エネルギー購入費	★	皆、戦っています。調達で負けたら話にならない。
－変動労務費	←	自動化・標準化で、大きな差がつかなくなった。
－外注加工費	←	外注叩きはもう限界、共倒れになるだけです。
－外注物流費	★	超短納期化とコストのバランスが新しい勝負所。
－在庫金利	★	在庫の確保と金利負担のバランスが新しい勝負所。
＝付加価値	←	合理的な活動の結果としての付加価値増大
－（ヒト）固定労務費	★	人材育成とイノベーションが新しい勝負所。
－（エネ）再エネ維持費	★	再エネの確保と維持費のバランスが新しい勝負所。
－（モノ）設備投資 －（カネ）資本コスト	★	キャッシュフローと内部収益率が新しい勝負所。
＝キャッシュフロー	←	事業のさらなる拡大に投じられるお金

21 世紀を生き抜く会社作りのヒント

今まで　付加価値が放置されていて、生産性低迷の原因になっていました

今後は　付加価値を見える化して最大化に努めれば、生産性も向上します

ムダって何？　時代遅れのムダ取りが成長を阻害している

「事業環境が厳しいからムダ取りを徹底する」という考え方がありますが、それはとても危険です。なぜなら、今日のムダこそが明日の事業を創っていくために不可欠なものだからです。事業環境が厳しい時こそムダを正しく管理し、明日を模索する活動をしっかりやらなければなりません。

▶▶本当の人間尊重とは？

　ある会社で「カイゼン手帳」なるものが配られていました。最初のページにあった言葉「カイゼンは人間尊重」に期待を抱き、次のページをめくるとこんなことが書かれていました。「人間尊重の心……作業者の人生は尊い。その尊い人生を1分1秒も無駄なく製品にしなければならない。それが人間を尊重するということである、云々」これを読んだとき、私は暗い気持ちになりました。皆さんは如何でしょう？　率直なところ、ご自身が

「人生を1分1秒も無駄なく製品にしろ」

と言われたら人間として尊重されたと感じるでしょうか？　モチベーションが上がるでしょうか？　もちろん、無意味にブラブラしていてよいはずはありません。さりとて、ただロボットのように1分1秒手を動かすことだけが人のやるべきことだとは、私には思えなかったのです。

▶▶フィーカという強烈な体験

　従来、日本の生産性向上は、2つの活動で成り立っていました。

① 　ムダな時間を排除する活動（ムダ取り）
② 　作業時間そのものを短縮していく活動（カイゼン）

です。そんな活動にどっぷり浸かっていた私自身が、生産性に対する考え方を大きく変えるきっかけになったのがスウェーデンの工場でFIKA（フィーカ）を体験したことでした。

　フィーカとはお菓子を食べながらコーヒーを飲む習慣のことです。私が訪問した工場の方々は、出勤するとまずフィーカ、10時になるとまたフィーカ、お昼を食べたら再びフィーカ、15時頃にまたまたフィーカ、そして16時頃まで

には帰宅してしまいます（恐らく自宅でもフィーカ！）。一日中お菓子を食べてコーヒーばかり飲んでいる様子に違和感がありました。そこで

「こんなに休んでいて大丈夫なのですか？」

と疑問をぶつけると、こんな答えが返ってきたのです。「私たちはただ休んでいるわけではありません。この習慣のおかげで私達は多くの方々と雑談ができます。それが新しい仕事のヒントになるのです。そもそも同じ作業に1日中没頭していたら、新しいことを考える時間がないではありませんか！」

　確かに、スウェーデンの生産性（就労者一人当たりが生み出す付加価値）は、日本よりはるかに高いのです。労働時間当たりの付加価値で比較したら、スウェーデンの生産性は日本の2倍を越えてしまうのではないでしょうか？
（補足）かつては日本でもタバコ部屋の会話が同じような機能を果たしていました。

▶▶21世紀に人がやるべきことは何か？

　21世紀のサステナブルな経営を目指し、これから人がやるべきことを問われた時、私はこんな質問をしてみます。「無人の工場というものはあり得るでしょうか？　もしあり得ると思うなら、それはなぜでしょう。」「無人の会社というものはあり得るでしょうか？　もしあり得ないと思うなら、それはなぜでしょう。」

　今日、同じ動作を繰り返すだけの仕事は、人がやるべきことではなくなりつつあります。

単純な繰り返し作業なら、ロボットやAIが楽々とこなしてしまう

からです。ですから無人の工場ならあり得るのかもしれません。でも、そんな時代になっても無人の会社はあり得ないと思います。なぜなら、自動機やロボットではイノベーションができないからです。ここでいうイノベーションとは、新製品や新技術の開発だけを意味するのではなく、新しい仕事のやり方、新しいモノの作り方、新しい事務作業のやり方、新しい人と人の結びつきなどの全てです。それは人でなければできないことであり、今後も人がやるべきことなのだと実感されると思います。そして、こうしたイノベーションを起こすには、ムダな時間が必要です。ムダを全て取り上げて今日の活動に1分1秒のムダなく完全に没頭させてしまったら（！）その会社は明日、滅ぶでしょう。ムダな時間こそがイノベーションのゆりかごだからです。

何が有効かは誰にもわかりません。	
それゆえに明日への備えはしばしば「ムダ」と呼ばれますが……	
今日のムダがない	➡明日がない会社！
今日のムダがある（ただし有効に活用されていない）	➡明日がない会社！
今日のムダがある（そして有効に活用されている）	➡明日がある会社！

▶▶コストと資源を混同しない！　自立した人材を育てる仕組み

　ただし、ムダな時間がイノベーションのゆりかごになるには、自立した人材を育てる仕組みも必要です。1つの試みを紹介しましょう。私の工場では、標準時間（ノルマ）に対する実績時間という方法では生産性を測定していませんでした。稼ぎ出した付加価値と固定労務費（作業者は固定給の正社員です）の比で生産性を測定します（これを「労務費生産性」と呼びます）。労務費生産性が向上している限りにおいて、作業者はブラブラしていても（ブラブラしているように見えても！）叱られることはありません。逆に生産性が向上していなければ、どんなにがむしゃらに頑張っていても（頑張っているように見えても！）、行動の修正を求められます。

　とは言え、稼ぎ出した付加価値は、営業部門の頑張りや景況にも左右されます。そこで「時間生産性」という指標を補助的に使います。これは稼ぎ出した付加価値と作業時間の比で計算される指標です。仮に不可抗力で自分の付加価値が半分になってしまっても、作業時間も半分にできていたら時間生産性は維持されたという評価です。

　そしてこの作業時間の把握は作業日誌では行いません（カイゼン不正を避けるため／ヒント 26 参照）。タイムカードで把握した総勤務時間から、

作業者が日誌で申告する「作業していなかった時間」

を差し引いて求めます。申告できる非作業時間は、自主保全や安全、新製品開発への協力等、「明日の価値」を創る活動として会社が認定したものです。これらに参加すればするほど、差し引きで計算される直接作業時間（今日の価値のための時間）は短くなり、時間生産性が向上したと評価され、賞与の査定などに反映されていくのです。

日本の生産性	$\dfrac{付加価値（GDP）}{労働人口}$	会社の生産性	$\dfrac{稼いだ付加価値}{正社員数}$

新しい生産性	①労働費生産性 $\dfrac{稼いだ付加価値}{固定労務費}$	②時間生産性 $\dfrac{稼いだ付加価値}{直接作業時間}$

新しい人事評価のスキーム

STEP1　労務費生産性の評価
　　稼げているか？　（稼げていれば、ブラブラしていたかどうかは関係ない）

　　　　（ただし、景気の影響などの不可抗力もあるので救済が必要）

STEP2　時間生産性の評価
　　無駄な時間がなかったか？　（付加価値半減なら、作業時間も半減する努力）
　　※ただし作業日誌では時間を把握しない
　　「直接作業時間＝勤務時間－申告された非作業時間」として把握する
　　非作業時間を報告すればするほど、直接作業時間を短縮できたことになる

　　　　　（時間生産性も改善できなかった場合）

STEP3　無駄な残業がなかったかの評価

▶▶標準時間では生産性を評価できない

　私自身、30年間も戦ってきましたが、標準時間を適切に決めることは困難です。それは主観的なものであり、工程管理の目休にはなっても生産性評価の客観的な基準にはならないのです。ここでは工場の作業者をイメージした説明をしましたが、評価に標準時間を使っていないので、ホワイトカラーや研究開発の方々にも応用できます。

　人はコストではなく資源です。昔の日本のムダ取りは、人をコスト扱いする活動でしたが、それでは人は育ちません。ロボットのように長時間働けばよいのではなく、イノベーションが必要なのです。そのためには人を信じてムダを任せてみましょう。1分1秒まで取り上げるのではなく！（ヒント33参照）。

21世紀を生き抜く会社作りのヒント

今まで　ムダ取りという名の活動が、イノベーションの芽を潰してきました
今後は　未来を予測し備えましょう。結果的にムダになることはあっても！

ヒント30

逆転の発想！「非作業日誌」で明日の価値を目指す

作っていなかった時間（ブラブラしていた時間、即ち非作業時間）を申告するのは少し勇気が要ることです。それが非作業時間の使い方を洗練させ、真に有効なイノベーションへと誘導します。非作業時間が増えれば作業時間も短縮され、生産性も向上です！

▶▶ブルーカラーだけ叩かれ、ホワイトカラーはほったらかしだった

　勤勉な国民性のはずの日本の生産性が、なかなか回復しません。すでに先進国最下位となり、さらに順位を落とし続けています。そこには、「7つのムダ取り」の名の下に工場の作業者（ブルーカラー）ばかりを叩き、事務職（ホワイトカラー）の生産性向上に向き合ってこなかったという現実がありました。

　ブルーカラー：叩かれる人、生産性を厳しく問われる人
　ホワイトカラー：叩く人、叩かれない人、生産性を問われない人

　ホワイトカラーの生産性管理がほったらかしになってきた原因の1つが、従来のP/L（損益計算書）では付加価値が読み取れなかったことです。なぜなら、ブルーカラーの生産性は、作業時間の短縮（目標vs実績）で一定の評価ができますが、ホワイトカラーの生産性は付加価値のデータなしには評価できないからです。付加価値に基づかない生産性管理は、国全体の経済成長（GDPの成長すなわち付加価値の成長）に結びつきませんから、国全体の生産性（GDP÷労働人口）が向上しなかったのも当然です。長年、日本経済の低迷が問題視されながら、個々の会社の事業活動において付加価値の可視化とその最大化を目指す生産性管理が指導されてこなかったことは、

会計の努力不足であり、日本の悲劇です。

▶▶実は、ブルーカラーの生産性管理にも問題があった

　日本の生産性管理がブルーカラー的な作業のムダ取り（7つのムダなど）に著しく偏ってきたのは、標準時間（ノルマ）とその短縮に基づく生産性管理が主流だったからです。ところが、こうした生産性ですら満足に管理されてこなかったという現実をご存じでしょうか？　全員が頑張っているはずなのにP/Lの損益も日本の生産性も回復しない背景には、こんなカラクリがありました。

★生産性向上が見せかけとなるからくり１

　最初の問題は、作業時間の報告が作業日誌で行われるケースが多いことです。作業時間を短縮すればするほど生産性が向上したと評価されるので、実績より短めの作業時間が報告されがちです。例えばある会社では、本来３ヶ月かかる製品を２ヶ月で完成させろとの指示があり、それを達成したと報告され（実際には３ヶ月かかっていた／完成検査のデータは捏造されてしまった）、表彰されたという事例がありました。そんなことが起きるのは、作業日誌や原価の管理に誤った報告を検出する仕組みがなかったからです。

	8	10	12	14	16	18	20
月		製品A		製品A	製品B		
火		製品C		製品C		製品D	
水		製品E					
木		製品F	製品G				
金		製品H					
土							

作業日誌
製品を作った時間
の申告

★生産性向上が見せかけとなるからくり２

　従来の生産性管理の２番目の問題は、作業日誌が労務費の支払い対象となる勤務時間の全体をカバーしていないことです。仮に作業時間の短縮が本当の成果だったとしても（！）、非作業時間にブラブラしていたのでは意味がなく、勤務時間全体を管理しなければ、その人全体の生産性は評価できません。勤務時間の全体（労務費の全体）を管理するためには、作業日誌ではなくタイムカードに基づいた管理をする必要があります。

	8	10	12	14	16	18	20
月		製品A		製品A	製品B		
火		製品C		製品C		製品D	
水		製品E					
木		製品F		製品G			
金		製品H					
土							

タイムカード
労務費の
支払対象になる時間

▶▶そこで、非作業日誌の登場

　これらの問題を解消する方法に非作業日誌があります。非作業日誌の管理では、最初にタイムカードによって労務費の支払い対象になる勤務時間全体を漏れなく把握します（時間A）。次に、生産に従事していなかった時間（いわゆる直接作業時間以外の時間）を作業者に申告させます（時間B）。AからBを引いた時間が、計算上把握される作業時間（C）です。作業時間を直接申告させるのではなくA−B＝Cとして管理するのには理由があります。

① 　非作業時間の申告には勇気がいります。本当に怠けていたら申告できませんから、作業者を真の生産性向上に向けて動機付けることができます。
② 　申告できる非作業の内容を予め決めておけば、やってもらいたい活動に作業者を誘導できます。この非作業時間こそ明日の価値を創る時間です。
③ 　仮に不景気等で作業者が稼ぎ出している付加価値が減少しても（それは必ずしも作業者の非ではありません）、非作業時間を積極的に増やす努力をすることで、作業者は自分自身の時間当たりの生産性を維持できます。

　この時間当たりの生産性は、標準時間の代用として生産計画にも使えます。

	8	10	12	14	16	18	20
月	製品A		製品A		製品B	安全	
火	製品C		製品C		製品D		
水	製品E		技術開発への協力				
木	製品F		製品G				
金	製品H		自主保全				
土							

非作業日誌
作っていなかった時間の申告
（残りは作業時間と見做す）

▶▶労働費全体を把握することから生産性向上を見直す

　「徹底的なムダ取り」「徹底的な生産性向上」等と口先では叫ばれながら、

労務費全体を把握する努力を一切行わず

手慣れたカイゼンやムダ取りばかりに埋没してきたことは日本のモノづくりの悲劇です。こうした既成概念を見直すことが日本のモノづくり再生の道であり、サステナブルな経営に至る道なのだということを絶対に忘れないでください。

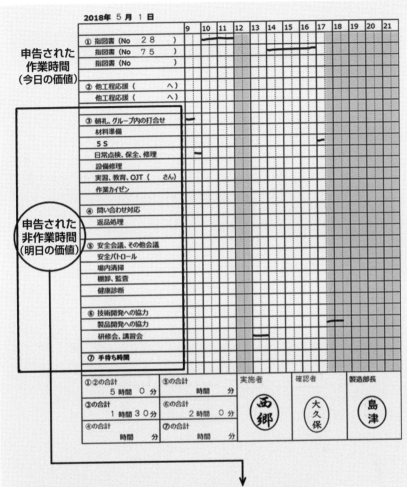

会計上の勤務時間（タイムカード）－非作業時間（非作業日誌）
＝作業時間（生産性の評価に使う時間）
・線を引くだけの簡単な申告
・1日の活動のふり返りにもなる

実際の非作業日誌の例（現在は IoT で電子化）

21世紀を生き抜く会社作りのヒント

今まで 「徹底的なムダ取り」や「生産性向上」は、見せかけだけの目標でした
今後は 付加価値と労務費全体を見渡して、真の生産性を改善しましょう！

真の生産性向上こそ、経済と環境を救う道！

　生産性は「何か」を達成する活動の効率の良否です。そして経済や事業活動において達成されるべき「何か」とは付加価値（あるいは GDP）であるべきことは言うまでもありません。だとすれば、事業活動が稼ぎ出す付加価値（単なる利益ではなく）を経営上の目標とし、それを稼ぎ出す活動の効率を管理しなければ、経済や事業は成長しません。生産性が向上するはずもありません。私たちの生活水準は低下する一方です。それにもかかわらず、従来の企業会計では付加価値が読み取れなかったのです。

　少し意外に思われるかもしれませんが、実は生産性の回復こそがサステナブルな経営への王道です。地上の資源が有限である以上、経済は無限の消費拡大を競う成長から資源の利用効率改善を競う成長へと急速にシフトしなければなりません。そして真に生産性が高くムダのない事業こそが、競争力ある事業であり、環境負荷の小さい事業でもあるからです。もちろん CO_2 の排出だって少ないはず。これからサステナブルな経営を目指すからといって余計なことを始める必要はありません。まずは会計を再生し、今までなおざりにされてきた生産性や付加価値に本当に本気で向き合うことこそが、サステナブルな経営達成への道なのです！

そうだったのか！

ガリレオ・ガリレイ

第7合目

イノベーションが足りない！
人材が育成できる会計の形

　食糧自給率 37 ％、エネルギー自給率 11 ％……。
　資源の乏しい日本は技術立国として生きるはずでした。でも、技術立国とはどんな国なのか？　近年、日本の技術力が急速に輝きを失ってしまったのはなぜなのか？　そこには、1 人ひとりの頑張りを評価することができなかった会計と、新しい発想を潰してしまった経営セオリー、そして多様性を認めず閉塞した日本の組織文化がありました。さあ、これからサステナビリティに向かって膨大なイノベーションを成功させなければなりません。でも、

イノベーションが担える人材がいない

と言って嘆く必要はありません。どこにでも人材はいます。ただ活かされていなかっただけなのです。力を合わせて日本を元気にしましょう。

私たちには、もっとできることがあります。

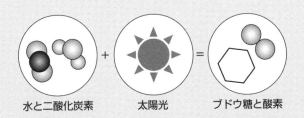

水と二酸化炭素　　＋　　太陽光　　＝　　ブドウ糖と酸素

人が歩む2つの道、コストの道 vs 資源の道

21世紀において人はイノベーションを担う最重要の経営資源です。それなのに「人はコストだ」と言われ続けてきました。コスト扱いすれば、人は自覚を失って本当のコストになってしまいます。サステナブルな経営を目指すなら人の管理を大きく変えましょう。

▶▶変動費がコスト、固定費が資源だということの確認

サステナブルな経営を目指すには、変動費と固定費を正しく区分管理することが不可欠です。両者を混ぜれば費用管理に失敗し、ロスは垂れ流しになります。ここで改めて、変動費と固定費の本質的な違いや、その見わけ方についておさらいをしておきましょう。

単純に考えれば、変動費は売上高の増減に比例して増減する費用です。なぜ増減するかと言えば、都度に「社外」から取り入れられて消費されるコストだからです。これに対して固定費とは、売上高の増減にかかわらず一定額発生する費用です。なぜ一定額発生するかと言えば、はじめから「社内」に存在する経営資源（ヒト・モノ・再エネ・カネ）だからです。すなわち変動費はコストであり、固定費は資源だということです。ここで、

コストと資源では管理目標が全く違います

コストの管理目標はコストダウン（なるべく使わないこと）であり、その管理は単位原価のモニタリングによって行われます。他方、資源の管理目標は生産性向上（しっかり使うこと）です。その管理は承認された金額からの逸脱がなかったかを確かめることと、生産性のモニタリングです。このように変動費と固定費は性質が全く異なり、水と油のような存在なのです。

▶▶変動費と固定費の見分け方（固変分解）

費用を、変動費（コスト）と固定費（資源）に分類することを「固変分解」と言います。両者の管理目標が正反対（なるべく使わない／しっかり使う）である以上、ある費用が変動費なのか／固定費なのかは、日々の事業活動の中で自ずと決まってくることでしょう。私はこれを「管理目的法」による固変分解と呼んでいます。しかし今日一般的な教科書で説明されている固変分解の方法（下記参照）は、少し様子が変なのです。

★散布図法
売上高と費用額の実績値をグラフ化し、目分量で近似直線を記入、その傾きを求める方法。（傾きが変動費、y 切片が固定費になる）

★高低点法
正常操業圏内の最大稼働の時の実績値と、最小稼働の時の実績値の 2 点から近似直線を記入し、その傾きと y 切片を求める方法。

★最小自乗法
数学的に厳密な方法で近似直線を算出し、その傾きと y 切片を求める方法。

★勘定科目法
中小企業庁の分類例等に準拠して変動費と固定費を分類する方法。

　これらは極めて常識的な会計／簿記の知識なのですが、管理目標（なるべく使わない vs しっかり使う）も管理方法（単位原価で管理 vs 承認された金額で管理）も全く異なる変動費と固定費を、このような受動的な方法で分類すべきだと説明されてきたことは驚きであり、

費用管理の放棄に等しいと感じます

　日本中でコストダウンも生産性向上も失敗してきたのは当然です。これではサステナビリティなど永久に達成されません。本当にサステナブルな経営（生き残り）を目指すなら、「この費用は単位原価で管理しよう」「この費用は承認された金額で管理しよう」といった能動的な姿勢で固変分解が行われるべきであり、散布図法・高低点法・最小自乗法が適用できるのはよほど些末な費用か、一部の販売費に限られるはずです。

▶▶固変分解が指し示す、コストの道と資源の道

　実は、人の管理をする際にも変動費と固定費の管理目標の違いに注意を払わなければならないのです。例えば動作のムダ取りを目指す場合、その対象となる方が日雇作業者やアルバイトといった「変動費系（コスト）」の方であるなら、作業時間の短縮＝変動労務費の削減＝コストダウンとなって、事業の損益改善に直結していくことになります。しかし、対象となる方が「固定費」を背負う正社員である場合には状況がかなり違ってくるはずです。なぜなら、正社員の方の動作のムダ取りは、そのままでは手待ち時間になるだけであり、労務費は変わらず、作業者全体としての生産性は何ら向上しないからです。この場合、むしろ問われるべきは

手待ち時間に、自主的に何をしたか

です（ヒント 30 参照）。そこで、例えば私の工場では、作業時間ではなく「作

業時間以外の時間に何をしていたか」を重視した管理をしています[1,2]。非作業時間の申告は安全・保全・教育・学習・技術開発への協力など有意義な活動が行われたと認定された場合のみ有効とし、単なる手待ちの場合は認めません（手待ちになっていた場合は、作業時間を求める時に引き算の対象にしないということです）。

（[1]）作業時間に何をしたか（いくら稼いだか）は会計記録側で把握できます。
（[2]）作業時間は、勤務時間から非作業時間の申告値を引き算することで求まります。

　すなわち、人の管理には2つの道があるということになります。コストの道と資源の道です。作業者の場合の管理の違いを考えてみましょう。

★コストの道……今日の価値を作る活動への取り組み

　1つ目の道は「コスト（変動費）の道」です。コストの道では作業時間のムダ取りを重視します。作業者の方に期待されるのは、指示された時間の中で指示された動作手順をきちんと守って作業することですが、それ以上の要求（自主的な活動の強要）をすべきではありません。カイゼンと称して自主的な活動を要求している現場があるなら（現実には多い）、コンプライアンス違反です。

★資源の道……明日の価値を創る活動への取り組み

　2つ目の道は「資源（固定費）の道」です。資源の道では非作業時間の内容を重視しますから、作業者に期待されるのは指示待ちの姿勢ではなく、自主的に明日の価値を創る活動（安全・保全・教育・技術開発への協力など）に参加することによって、自らの価値や事業の価値を高め、差し引き計算で求まる直接作業時間を短縮し、生産性を向上していこうとする積極的な姿勢です。

　コストの道 vs 資源の道、極めて厳しい21世紀を生き抜くために大切なのがどちらなのかは明らかでしょう。従来の生産現場や管理部門のオフィスで、なかなか自主的に活動できる人材が育たなかった原因の1つは、変動費（コスト）と固定費（資源）を混同し、ムダを取り上げ、

正社員にコストの道を強いてきた

ことにありました。今、改めて考えてみてください、皆さんご自身はコストの道を歩みたいですか？／資源の道を歩みたいですか？

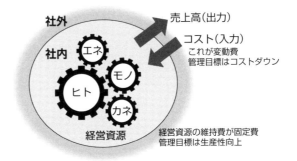

会社の姿

- 社外
- 社内
  - エネ
  - モノ
  - ヒト
  - カネ
- 経営資源

売上高（出力）

コスト（入力）
これが変動費
管理目標はコストダウン

経営資源の維持費が固定費
管理目標は生産性向上

```
売上高
 －変動費        …コストの道（今日の価値を作る）
 ＝付加価値

 －ヒトの固定費    …資源の道（明日の価値を創る）
 －モノの固定費
 －カネの固定費
 －エネの固定費
 ≒キャッシュフロー
```

コストの道（20世紀）	資源の道（21世紀）
✔指示待ち、やらされ感 ✔不満や批判ばかり ✔質問しない ✔言われたことだけやる ✔やったふりをする ✔いつまでも同じやり方	✔仕事を取りに行く、達成感 ✔夢や理想を語る ✔好奇心に満ちている ✔仕事の範囲を広げていく ✔責任感がある ✔やり方をどんどん進化
人がやるべきこと ➡繰り返し作業＋その効率アップ	人がやるべきこと ➡イノベーション（vs ロボット、AI）
管理方法 ➡ノルマの強制＋ムダ取り＋時間監視	管理方法 ➡意欲ある人材の育成＋ムダを任せる

21世紀を生き抜く会社作りのヒント

今まで コスト扱いすることで、人材が育たず真のコストと化していました
今後は 人材を育てるには、自主的な活動の余地を認める必要があります

テレワークがやってきた！管理すべきは着席時間じゃない

テレワークの生産性が悪い時、必要なのは、①やるべきこと明確にすることと、②パフォーマンスの測定方法をきちんと決めておくことです。やるべきことを明確にせず、オンラインで着席時間を監視しても、生産性は向上しません。今、新しいマネジメントのセオリーが必要になっています。

▶▶今まで放置されてきたホワイトカラーの生産性評価

コロナを契機に、ホワイトカラー部門ではテレワークに移行する事例が増えました。そして姿が見えなくなった社員1人ひとりの頑張りや生産性をどう評価したらよいかわからないというお話をよく聞きます。今回はホワイトカラーの生産性評価や人材育成について考えてみましょう。

▶▶雪国のトイレに籠って考えたこと

従来、日本の多くの職場で「勤務時間が長いこと＝ホワイトカラーの頑張り」と認識されていたように思います。私が30代の頃に務めていた現場にも不文律がありました。事務所のスタッフは深夜の0時過ぎまで帰宅を許されなかったのです。とは言え何かを指示されるわけではありません。残業代が支払われるわけでもありません。当時私は、電気主任技術者やエネルギー管理士の勉強をしたいと思っていましたが、出社が朝8時半、帰宅が0時過ぎという生活では時間を作れませんでした。

そこで私は猛烈に仕事をしました。工法改良で工場の生産能力を20倍に改善し、雪国の厳しい寒さの中、薄暗い現場で働いていた方々のためにしっかりした壁と暖房と照明を設置しました。現場のモチベーションは上がり、結果的に生産能力は30倍になりました。これだけの成果を踏まえ、遂に私は「21時の帰宅」に挑戦したのです。でもやっぱり駄目でした。「お先に失礼します」と切り出すと

「どうしたのですか？　体調でも悪いのですか？」

そんな会話を毎日続けるのは不可能でした。私はやり方を変え、会社で勉強することに決めました。21時になるとヘルメットを被り勉強道具を持って屋外の和式トイレに籠りました。そこで仁王立ちになったまま勉強したのです。どうやら1年後に目的を達成しましたが、いろいろ考えさせられました。多くの製

造業が人を縛る制約業と化し、人材を育てられなくなったのはなぜなのかと。

▶▶全ての正社員がホワイトカラー化している

　長年、日本のホワイトカラーの生産性はほったらかしでした。会社にいる時間の長さを競いあってきた風潮は、現場の作業者が1分1秒のムダ取りを求められてきたこととは対照的です。これは、日本における生産性評価が、標準時間 vs 実績時間という指標一本やりで行われ、標準時間を持たないホワイトカラーの生産性を評価する術を持たなかったからでしょう。

　しかし近年では、製造工程でも自動化やロボット化が進み、かつての作業者の方々（ブルーカラーと呼ばれていた）でさえ「作る」から手が離れ、ホワイトカラー化しています（自主保全、生産計画、工程改善、安全衛生等）。営業部門や技術部門などと協力してやる仕事も増えました。単純作業の管理の重要性は薄れ、製造部門の活動だけを売上原価として管理する必然性もなくなっています。むしろ製造原価と販管費を一元化して全員をホワイトカラーとして扱い、会社全体の人的生産性を高めなければならない時代なのです。

<役割分担の変化>

	単純作業	繰り返しの定型業務	イノベーション
20世紀	ブルーカラーの仕事	ホワイトカラーの仕事	どこかの天才の仕事
21世紀	ロボットの仕事	AIの仕事	全員の仕事

<イノベーションとは？>

新しい製品やサービスの創出
新しい技術の創出
新しい事務処理の工夫
新しい人と人の結び付き
⇒
✔21世紀を生き抜く鍵
✔自立した人材の自発的行動
✔強制できない！
✔ノルマで管理できない！

　ところがそんな話をセミナー等で申し上げると、しばしばこんなご意見をいただきます。

　「一元管理というのはヒューマンな発想だが、あなたは甘い。ホワイトカラー（である私）と一元管理したら、現場の連中が遊んでしまうではないですか」

　まじめな顔でそんな反論をされる方々に私はゾッとします。これでは

「私（ホワイトカラー）は毎日遊んでいます」

と宣言しているに等しいからです。そして、やはり現場ばかりが叩かれているという現実も見えてきます。本当に対策が必要なのは、現場ではなくホワイト

カラーなのです。そして現場ばかりがスケープゴートにされている限り、ホワイトカラー側の生産性が真に改善することはないでしょう。

▶▶テレワークの時代に必要になる評価

　第6合目でお話ししました通り、標準時間ではなく付加価値ならホワイトカラーの生産性を管理できます。新しい生産性の基本式は「生産性＝付加価値÷固定労務費」です（付加価値は売上高－コストで求まります）。会社、部門、個人の生産性を評価してみてください。

　人はコストではなく資源です。コスト扱いし、時間で縛り（長い／短い）、監視すれば、人は指示待ちになり、意見を言わなくなり、本当にコストとしての態度を身につけてしまうでしょう。さらにムダ取りと称して自由に使える時間や予算を取り上げたのでは人がいよいよダメになります（実際ダメになっている）。時間の長短で縛るのではなく、達成すべき成果を明確にし、資源を任せ、結果に対する責任を自覚させるのがテレワークの時代の生産性管理の基本です。そして生産性が上がっていたら、さらに多くのムダを任せてみてください。でも生産性が下がってしまっていたら、適時に支援や指導をしてあげましょう。

人材育成の基本式	①人を信じて一定の資源（時間や予算）を任せること ＋ ②生産性をモニタリングし、適時に支援指導すること

が人材育成のカギなのです。でも現実には、両方（任せること・生産性を測ること）できていない職場が多かったのではないでしょうか。

　今後、単純な繰り返し作業は、ますますロボットやAIの仕事になっていきます。人がやるべきことはイノベーションに移ります。新しい製品やサービス、新しい技術、新しい事務処理、新しい人と人の結び付き……。しかしイノベーションは強制できません。怒鳴っても監視してもイノベーションは起きません。それは意欲ある人材の自主的な活動としてしか現れ得ないものだからです。イノベーションが起きる職場が、生産性が高い職場です。イノベーションが起きる職場は人を尊重する職場です。人を尊重する職場は女性も活躍する職場です。女性が活躍していない職場は、結局は男性も活かされていない職場です。それはきっと、若手がトイレで勉強しなければならないような雰囲気の職場でもあることでしょう！

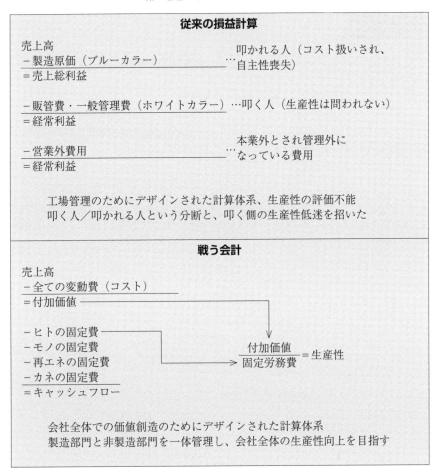

従来の損益計算

売上高
　−製造原価（ブルーカラー）　　　　　　　　叩かれる人（コスト扱いされ、
　＝売上総利益　　　　　　　　　　　　　…自主性喪失）

　−販管費・一般管理費（ホワイトカラー）…叩く人（生産性は問われない）
　＝経常利益

　−営業外費用　　　　　　　　　　　　　本業外とされ管理外に
　＝経常利益　　　　　　　　　　　　…なっている費用

　　　工場管理のためにデザインされた計算体系、生産性の評価不能
　　　叩く人／叩かれる人という分断と、叩く側の生産性低迷を招いた

戦う会計

売上高
　−全ての変動費（コスト）
　＝付加価値

　−ヒトの固定費
　−モノの固定費　　　　　　　　　　$\dfrac{付加価値}{固定労務費}$ ＝生産性
　−再エネの固定費
　−カネの固定費
　＝キャッシュフロー

　　　会社全体での価値創造のためにデザインされた計算体系
　　　製造部門と非製造部門を一体管理し、会社全体の生産性向上を目指す

21 世紀を生き抜く会社作りのヒント

今まで　古い P/L の形が、人がコスト扱いされる原因になってきました
今後は　人を資源として育てるなら、P/L の形も変えなければなりません

ヒント 33

イノベーションを起こす方法！　人材育成の方程式

イノベーションは画期的な新技術だけを意味しません。従来の仕事のやり方を超え、新たな人的ネットワークを作りあげていく全ての変化がイノベーションです。イノベーションなくして、激しい変化を生き抜いてサステナブルな経営を実現することは絶対に不可能です。

▶▶今度こそ、イノベーションが必要になっている

増え続ける一方の気象災害や異常気象、CO_2 の排出規制の強化、国際情勢の緊張と資源価格の高騰、サプライチェーンの寸断などの問題を考える時、既存のビジネスの延長に目指す答えがないことは明らかです。既存のビジネスの競争力を維持する努力を続けながらも、その一方でイノベーションにも取り組み、会社の姿を徐々に変えていかなければなりません。ここで言うイノベーションとは、新製品や新技術の開発だけではなく、新しい業務のやり方、新しいマネージメント、新しい人と人の繋がりの構築など様々なものを含みます。イノベーションを生み出す力こそ 21 世の事業競争力の源泉なのです。

▶▶イノベーションは強制できない

20 世紀的な「作る」の時代が終わり、全員で新たな価値を「創る」時代になりました。自動化やロボット化、AI の発達した今日、ヒトがやるべきことはイノベーションです。しかしイノベーションは強制できません。

怒鳴っても監視してもイノベーションは起きない

のです。それは会社の事業に心から納得し、それを真剣に進化させようとする意欲がある人材の自主的な活動としてしか現れ得ないものです。従って、イノベーションを成功させるカギは、主体的に動ける人材が育成できるかどうかにかかっています。

▶▶指示し、束縛し、ムダ取りするだけでは主体的な人材は育たない

今まで多くの製造業で、人はコスト扱いされ、一方的に指示され、ムダ取りと称して時間や予算を取り上げられるだけの存在でした。その結果、人は指示を待つようになり、主体的に動かなくなり、意見を言わなくなりました。人材を育て、イノベーションを活発にしようと思うなら、夢を問い、何をしたいかを常に問い続け、小さな資源（時間や予算）を任せることが大切です。任され

た資源を自分の発意と創意で正しく使い切るのは案外と難しいことで、常に訓練が必要です。ブラブラしているように見える時間や雑談がイノベーションの瞬間であることも多いのです。

今日のムダが、事業の明日を創ります。

しかし、時間や予算を任せ放しにしていたのでは、ムダが本当のムダで終わってしまうかもしれません。そこで生産性の測定が同時に必要になります。小さな資源を任された人の生産性が順調に伸びていれば、もっと大きな資源を任せます。その人の生産性が伸びていなければ、支援や指導をしなければなりません。そして当然のことながら、生産性を評価するには、その計算方法をきちんと定義しておく必要があります。

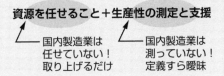

▶▶「資源の道」と「コストの道」のけじめ

自分の生産性に責任を持ち主体的に価値を創るのが得意な人と、指示されたことをしっかりやりたい人がいるのは現実です。「資源の道」を選ぶ人は結果で勝負する人です。「コストの道」を選ぶ人は勤務時間で頑張る人です。会社はその扱いにけじめを付けなければなりません。資源の道を歩む人は一定の裁量下で自主的に活動し、新たなカイゼンやイノベーションに挑みます。しかしコストの道を歩む人に自主的な活動を強要すべきではありません。国内製造業では非正規の方にカイゼンを強いる場面が多くありますが、それはタダ働きの強要でありコンプライアンス違反です。カイゼンを期待するなら正社員に登用すべきですし、できない事情があればカイゼンを強要すべきではありません。納得感のない職場からイノベーションは生まれないのです。

▶▶イノベーション潰しの原因も、古い会計だった

もう一つ、日本のイノベーションの芽を潰してきたのは、古い常識に囚われた様々な専門家の方々だったのかもしれません。特に100年間も進化が止まった会計の常識が深刻な状況にあると思います。なぜなら、

✔ 会社の事業目標を決めるのは会計です。
✔ 会社の成果を検証するものは会計です。 ｝「戦う会計」が必要！
✔ 皆さんの目標を決めるのも会計です。
✔ 皆さんの努力を評価するのも会計です。

　知らず知らずのうちに会計が会社や社会の形を決めています。例えば会計が、人をコスト扱いすれば人材は育たず、イノベーションは起きず、経済は元気になりません。サステナブルな経営は達成されず、会社は21世紀を生き残ることができません。サステナビリティに向かって新たな一歩を踏み出そうとしている今こそ、古い知識のコピペを卒業し、「戦う会計」で時代と戦いましょう。

▶▶サステナビリティをナンチャッテにしないために

　2050年の問題（気候変動、資源枯渇、脱炭素）を危機と捉え、本気でサステナブルな経営を目指すなら、会計の形を変えなければなりません。会計を考えることは、会社のあるべき形を考え、社会のあるべき姿を考えることでもあります。会計が変われば会社が変わり、きっと日本も変わります。

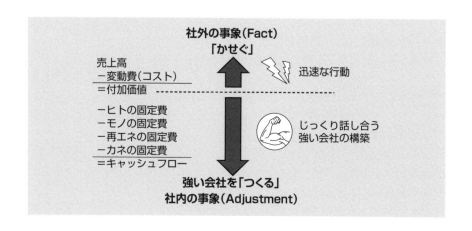

★戦う会計

売上高　　　　（±単価差異・数量差異）
−材料費　　　（±価格差異・数量差異）
−変動労務費　（±価格差異・数量差異）
−燃料購入費　（±価格差異・数量差異）〉毎日把握
−外注加工費　（±価格差異・数量差異）
−外注物流費　（±価格差異・数量差異）
−在庫金利　　（±価格差異・数量差異）
＝付加価値

−ヒトの固定費　　（±予算差異）
−モノの固定費　　（±予算差異）
−カネの固定費　　（±予算差異）〉毎月把握
−エネの固定費　　（±予算差異）
≒キャッシュフロー

★戦うためのIoT　★人材育成の方程式
★戦うためのDX　★脱炭素経営の基本式
★ロードマップ
★内部収益率法

★脱年次予算

従来の経営管理 （21世紀を生き抜けない？）	新しい経営管理 （21世紀を生き抜ける！）	
事業計画が立てられない	事業計画が立てられる！	ヒント7
損益分岐点分析ができない	損益分岐点分析ができる！	第9合目
予実分析ができない	予実分析ができる（異常値発見）！	ヒント8
好調／不調部門がわからない	好調／不調部門がわかる！	ヒント9
作るべき製品がわからない	作るべき製品がわかる！	ヒント11
稼働すべき工場がわからない	稼働すべき工場がわかる！	
コストダウンに取り組めない	コストダウンに取り組める！	第4合目
適正在庫がわからない	適正在庫がわかる！	第5合目
生産性が管理できない	生産性が管理できる！	第6合目
人材育成できない	人材育成できる！	第7合目
イノベーションが起こせない	イノベーションが起こせる！	
CO_2が削減できない	CO_2が削減できる！	第8合目
株価が上げられない	株価が上げられる！	第9合目

21世紀を生き抜く会社作りのヒント

今まで　私たちは古い成功体験に縛られ、自ら考える力を失っていました
今後は　今まで疑われなかった常識にこそ、イノベーションの種があります

多様性を認めない＝イノベーションも認められない

脱炭素達成までの長い道程では、①省エネ、②ビジネスモデルの修正、③イノベーションが必要になります。しかし現実は極めて厳しく、日本の存在感の低下も著しい。今回は、なぜ日本でイノベーションが起きないのか？　どうすればイノベーションが起きるのかを考えてみましょう。

▶▶初めてのイノベーションで経験した挫折

「イノベーションって大切ですよね？」
と問われて「NO」と答える人はいないと思います。ましてや、長年「技術立国」を自認してきた日本です。

「イノベーションがあれば、コストが劇的に下がる。」
「イノベーションがあれば、売り上げが劇的に増やせる。」
「ああ、もっとイノベーションが必要だ！」

しかし現実はどうだったでしょう？　イノベーションについて考える時、私は自分自身が経験してきたいくつかの軋轢を思い出します。

かつて私はイノベーションに挑戦する技術者でした。大学院を卒業したばかりの私は塗装工場に配属され、作業者の方々の厳しい日常を知ったのです。とりわけ1回あたり2時間、1日6回も行われていた塗装色の切り替え作業が過酷でした。なんとかしなければと思ううち、作業を2時間から1分に短縮できそうな方法を思いついたのです。しかし誰からも信じてもらえませんでした。

「そんなことは不可能に決まっている。」
「君には実績がない。そもそも専門家ですらない。」
「失敗したら、君はどうやって責任を取るのか？」

これが技術立国の現実でした。アイディアをまとめた時間は3ヶ月でしたが、上司を説得するのに3年かかりました。でも諦めずにやり遂げました。作業者の皆さんは本当に喜んでくれましたし、経営的に見ても、小さな設備投資で工場の操業時間を1日12時間も伸ばした大金星です。「素人」が達成したイノベーションは騒ぎになり、大勢の見学者が押しかけました。本社で表彰されました。そしてある日、私は呼び出されたのです。「急な転勤が決まった。君は成果

を上げ過ぎるので扱いに困るのだ。」

▶▶イノベーションは歓迎されない？

次の職場となった電気めっき工場では激しい品質変動が起きていました。（狙いが3ミクロンなのに、±1ミクロンも変動する）。それなのに、研究レポートには「○○で0.2ミクロンの効果」といったコメントが多かったので不思議に思ったのです。「±1ミクロンもの変動の中で、0.2ミクロンという結論がどうして出せたのでしょう？」 伺った答えはこんな感じでした。「来たばかりの素人さんにはわからないと思いますが、2つの試料を同時に処理して比較すれば簡単にわかります。」 でも私は疑問を感じました。「同時に処理した同じ試料が常に同じ結果になることを確かめた人はいるのでしょうか？」

「そんなの、同じになるに決まっています！」

少し嫌な空気になりましたが、とうとう私は自分で実験してみることにしました。その結果、同時に処理した2つの試料の品質は同じにならなかったのです。

これはちょっと深刻な発見でした。会社の20年分の実験データが全て無意味だったことになるからです。品質が安定しなかったのも道理です。この事実を、私は皆さんに慎重に伝えました。嫌な思いをした方はいたようですが、技術の流れは大きく変わりました。その後の3年間で品質不良は解消され、1週間もかかっていた工程が1時間に短縮されました。世界最高峰のめっき工場が誕生しましたが、私自身は工場に居づらくなりました。私は技術を捨てました。

「素人がやってきて、技術をめちゃめちゃにした」

▶▶今度は会計の世界でも……

皮肉なことに、技術を捨てて会計の世界に飛び込んでみたことで、日本のモノづくりが抱えている問題が深く理解できるようになりました。その一方で、技術者でありながら会計の世界に飛び込んだことで、従来の会計が抱えていた問題も客観的に理解できたのです。今では会計士向けの会計講座を担当し、とうとう「戦う会計」に辿り着くのですが、イノベーションが嫌われる歴史は続きます。

「素人がやってきて、会計をめちゃめちゃにした」

確かにイノベーションは、先達の方々が営々と築き上げてきた実績の「破壊」ですから、よほど必要に迫られなければイノベーションは起きません。例えばガリレオ・ガリレイの「それでも地球は動く」という言葉で有名な地動説は、天動説という名の常識に1500年もの間、押し潰されていました。大航海時代になって正確な天体の運行が必要になってはじめて、天動説への疑問が公然と語られるようになります。ガリレオの裁判が1633年、そしてローマ教皇が裁判の非を認め公式に謝罪したのは20世紀末の1992年になってからのことでした。

　そして21世紀。今まで無限の成長が常識だった世界経済と人口は、地上の資源と環境の有限性という現実に激突しつつあります。専門家と呼ばれる人ほど古い知識や常識に縛られがちですが、今までの経営や会計の常識は全く通用しなくなりました。新型感染症の蔓延や戦争で平和な時代が終わり、サステナビリティ（生きるか死ぬか）が問われる状況になってはじめて、「戦う会計」への風向きが変わってきたことを感じます。そうです！　「戦う会計」があれば、日本はきっと頑張れます。

▶▶何が、日本のイノベーションを妨げてきたのか

　10年ほど前まで、日本は「技術立国」だと叫ばれていましたが、今では中国や台湾や韓国の後塵を拝し、すっかり自信を失っているように見えます。私はかつて、日本でイノベーションが起き難い理由を、こんな風に考えていました。

> **多様な人材がいないから、イノベーションが起きない**

　しかし様々な軋轢を経験し、今ではすっかり考え方が変わりました。

> **多様な人材が認められなければ、イノベーションだって認められはしない**

　おそらくどこの職場にも人材はいて「イノベーションの芽」はあるのです。それを「常識に反する」と言って進化や変化に背を向けてきたのが、日本の現実だったのではないでしょうか。その証拠は、経営や会計の世界にもたくさんあります。

> ✔ 全部原価計算は、100年前のデザインのままです
> ✔ 直接原価計算は、80年前のデザインのままです
> ✔ 原価計算基準は、60年前のデザインのままです

　それ故に、これらに準拠する簿記も60年〜100年前のデザインのままであり、そのことが簿記試験の勉強（特に工業簿記や原価計算）を難解で退屈な（そし

て有害な！）古い知識の丸暗記にしています。

▶▶和と同の混同が、イノベーションを殺している

　日本は協調性を重んじる国「和の国」です。その起源は17条の憲法「以和為貴」にまで遡るものでしょう。この話の初見は日本書紀だそうですが、当時は平城京建設という大事業の中で「和」の大切さが強調された時代でした。日本を示す表記が「倭」から「和」に改まり、和同開珎が発行されて建設作業の賃金として支給されています。奇しくもその銭面が「和銅」ではなく「和同」だったことを考えれば、和同開珎には「日本＝和」という表記の周知と、多くの人々が協力して頑張ること（和して同じること）の大切さを伝える意図があったに違いありません。しかしそれ故に「和」と「同」の危険な混同を生じてしまったのではないでしょうか。

子曰く、君子は和して同ぜず、小人は同じて和せず

▶▶今こそ、本当の和を目指さなければ！

　論語に「君子は和して同ぜず、小人は同じて和せず」という一節があります。「和」は大切ですが、それは決して何も言わずに他人に同調することではありません。「意見を言う」＝「和を乱す」ではないのです。真に「和」するためには、その前提として、多様な存在や考え方が受け入れられなければなりません。さて、これから私たちは平城京の建設を超える難事業・サステナブルな社会や事業の建設に着手しようとしています。今必要なのは、多様性を認めてたくさんのディスカッションをしていくこと、そしてたくさんのイノベーションを成功させることです。日本の会社を、一人ひとりの個性が尊重される真の「和」に満ちた職場にしていきましょう。

21世紀を生き抜く会社作りのヒント

今まで	私たちは古い成功体験に縛られ考える力を失いかけていたようです
今後は	今まで疑われなかった常識にこそ、イノベーションの種があります

女性が活かされなければ、男性も活かされていない

石油・石炭・ガス・ウランのみならずプラスチックにも頼らない経済社会への回帰がどれほど困難な目標であるかを考えてみて下さい。その達成には多くのイノベーションが必要です。そしてイノベーションには多様性を認めることができる社会がどうしても必要なのです。

▶▶想像を絶する変化が確実にやってくる

　好むと好まざるとにかかわらず、2050年までに私たちが直面するであろう変化は、資源の枯渇と環境の悪化によってもたらされる「規模の成長」の限界と、従来型の経済によって支えられなくなった世界人口の崩壊でしょう。それは人類が歴史上はじめて経験する深刻な事態であり、想像を絶する規模での社会的混乱や価格の高騰に向き合わなければならなくなる可能性を想定しなければなりません。その意味で、サステナビリティとは「生きるか死ぬか」の問題であり、「地球に優しく」などと呑気に構えていてよいことではないのです。飢餓は遠い国の他人ごとではなく、一歩対応を誤れば、

日本列島でも大規模に餓死者が出るリスク

があります。しかし大きなリスクは大きなニーズであり、飛躍のチャンスでもあります。プラスチックにも化石燃料にも頼らない社会への移行という視点から、新しいビジネスモデルを力強く発想してみてください。

　古い常識に囚われない会社、多様な発想ができる会社、誰にでもチャンスが与えられる会社は、イノベーションが成功する会社、儲ける力のある会社、希望のある会社でもあるに違いありません。そんな会社こそが優秀な人材を集めて社会の変革をリードし、21世紀を巧みに生き抜いていくことでしょう。

＜事業が受ける影響の予測＞

	資源節約型の産業	資源浪費型の産業
エッセンシャル・プロダクト	生き残る	競争が激化する
非エッセンシャル・プロダクト	激しい選別が起こる	存続が困難になる

▶▶会社の果たすべきミッションの再確認

　日本語の「儲ける」という言葉には「騙す」というニュアンスがあります。実際に、そのように認識されている場面は少なくなく、昨今の経済社会は詐欺や不正事件の報道で溢れています。しかしそれはサステナビリティに反する行為です。会社がお客様（社会）の役に立つことで売り上げが立ち、それを合理的な手段とコストで達成することで稼ぎ出されるのが付加価値（＝売上高－コスト）です。即ち付加価値とは、「そのすばらしい事業を、もっと拡大してください」という社会からのメッセージなのです。これは決してきれいごとではありません。今日はSNSの時代ですから、騙されたと感じたお客様の声は事業の致命傷になります。とりわけ工場を抱え逃げ隠れできない製造業であればなおさらです。これから会社は、どんなミッションによってどんな社会の役に立つべきなのでしょうか？　いくつかの視点で考えてみましょう。

<イノベーションの視点1>

　どんなに小手先の省エネやリサイクルに励み、きれいな環境レポートを作っても、それだけではサステナブルな社会や事業は実現できません。

資源が完全に入手困難になってしまう前に

ムダな資源消費やムダなエネルギー消費のない事業、真に生産性が高く環境負荷が小さい事業、災害に強い事業への移行を完了しなければならないのです。

<イノベーションの視点2>

　これからは諸資源が枯渇局面に入っていく時代ですから、今までのように頻繁なモデルチェンジで消費を煽り、大量消費・大量廃棄を促すビジネスモデルは維持できなくなります。堅牢な製品を大切に使う社会への回帰を可能にするようなビジネスモデルが必要になります。

<イノベーションの視点3>

　エネルギー価格が激しく高騰していく時代ですから、協力会社にジャストインタイムを強いるビジネスモデルはサプライチェーンの崩壊に繋がります。それはスコープ3を云々する以前の問題です。

<イノベーションの視点4>

　資源価格やエネルギー価格が激しく高騰していく時代ですから、ハイテクに過度に依存した事業運営は危険です。風車や水車、牛馬の利用、和船や帆船の復活といった伝統技術とハイテクのバランス良い組み合わせこそがサステナブルです。

▶▶モノカルチャーよ、さらば！ イノベーションには新しい人材が必要

　最近、日本社会の男女格差が問題になっています。世界経済フォーラムのランキングによれば、2019年の日本は世界153カ国中121位でしたが、これはG7の中では断突に最下位で、しかも年々順位を下げています。

＜女性が活躍できない会社は……＞
✓ 結局のところ、男性も人物本位で評価されていない会社です。
✓ 人材が活かされていない会社です。
✓ 社員が下を向いている会社、沈滞した会社、アイディアが出ない会社です
✓ 有能な人材が集まらない会社、ゆっくり死んでいくレガシーな会社です

　男女平等はきれいごとではありません。社会のニーズは多様化し、変化が激しくなりました。単純な繰り返し作業の価値は失われ、今ではイノベーションを競い合う時代です。社会にも会社にも、多様な発想ができる多様な人材が必要になっています。見方を変えれば、女性が活躍できない組織、多様性が認められない会社に、イノベーションをイノベーションとして認める力があるはずはないのです。

20世紀のヒトの管理	
（コストの道）	同じ行動、時間の監視、定型作業のムダ取り、ノルマの管理

21世紀のヒトの管理	
（資源の道）	多様な人材、多様な働き方、自主性、コミュニケーション

▶▶やるべきこと……多様な人材を受け入れる

　2050年に化石燃料の時代から再エネの時代へと移り変われば、暮らし方や働き方を変えなければなりません。再エネは資源量が限られているうえに大規模な蓄積が難しく、エネルギーの都合に合わせた経済活動や事業活動を余儀なくされるからです。そこには膨大な発想転換と、それを支える多様な人材が必要です。モノカルチャーな組織からは多様な発想が生まれません。会社が本当に変われた時、女性活用の遅れや一律の定年制も当然に見直されていることでしょう。

▶▶やるべきこと……多様な働き方を受け入れる

　多様な人材を受け入れることは、多様な働き方を受け入れることでもあります。同時にそれは、再エネの効率的な利用という観点からもサステビリティ実現の大前提になります。なぜなら全員一律の平日・休日の区別や、全員一斉の

大型連休は貴重な再エネ資源のムダに直結するからです。

太陽光や風力には曜日がない以上

　今後は曜日に縛られず自由に生活を設計し、自由な都合で仕事を休めるような社会や職場を創らなければならないということです。問われるべきことは会社に何時間座っていたかではなく、何をなし遂げられたかです。テレワーク推進による長距離通勤の削減や、生産性の低い長時間残業の見直しも再エネの利用効率を高めるための重要な取り組みになるでしょう。

```
2050   January 1        再エネには曜日がない！
 ①   2   3   4   5              ↓
 6   7   8   9  10        曜日のないカレンダーが必要
11  12  13  14  ⑮              ↓
16  17  18  19  20        自由に休める勤務体制を組む
21  22  23  24  25
26/31 27  28  29  30
```

　現代社会の歪みの多くは、化石燃料の大量消費を前提とした不自然な経済活動によってもたらされてきたものでした。2050年に向かって化石燃料が枯渇し再エネ（無理が効かないエネルギー資源）への切り替えが進むことは、結果として本当に大切なものとそうではないものの仕分けや、無理のない経済活動・人間中心の社会への回帰に繋がっていくことでしょう。

21 世紀を生き抜く会社作りのヒント

今まで　女性が活かされない会社は、男性も活かされていない会社です
今後は　誰もが活躍できる社会や職場の実現が、サステナブルな経営です

資源である人を、コスト扱いしてきた弊害

　想像してみてください。無人の工場はあり得ますが、無人の会社があり得るでしょうか？　仮にあり得ないとすれば、それはなぜでしょう？　工場のミッションは決まった製品を決まった通りに作ることです。ですからロボットを並べれば無人の工場は作れるかもしれない。でも会社のミッションは決まった製品を決まった通りに作り続けることではありません。そこには常にイノベーションが求められるのです。昨今厳しさを増す一方の経営環境を生き抜かなければならないとすればなおさらでしょう。

　ところがイノベーションは強制できません。イノベーションとは、意欲ある人材の自主的な活動としてしか現れないものです。それが 20 世紀に有効だった人材管理（命令と服従、ノルマの管理）と、21 世紀に必要な人材管理（自主性と公正な評価）の決定的な違いなのです。ところが、多くの製造業が 20 世紀型の人材管理を卒業できず、人をコスト扱いして有意の人材を失ってきました。イノベーションを担うべき「出る杭」はなかなか歓迎されません。でも、製造業が本当に頑張らなければならないのはこれからです。硬直的な採用制度を見直して新しい発想ができる人材を受け入れましょう。人を育てて新しい製造業を作り上げましょう。それが、本当にサステナブルな経営への道なのです！

そうだったのか！

ガリレオ・ガリレイ

第8合目

CO_2 と光熱費を減らさなきゃ！
脱炭素を目指す会計の形

　どんな世界においても、使い込まれた道具は美しいものです。ところが、従来の会計を1つの道具と見るならば、それはあまり美しくありませんでした。しっかりと使い込まれてこなかった痕跡でいっぱいです。それでも新型感染症や戦争で経済社会が大きく揺らぐまでは、「現状の経営管理や会計にはたくさんの課題がありますね」と申し上げても、

「そうですか……　でも特に困ってないので大丈夫です」

と言われがちでした。でも平和な時代が過去となり、これから真剣にサステナビリティを目指さなければならないとしたらどうでしょう？　例えば CO_2 削減。「2050年までに排出ゼロ」という目標は、省エネや小さなリサイクルでカバーできる範囲をはるかに超えています。それはむしろ「卒エネ」とでも呼ぶべきものであり、従来の事業活動の延長では全く達成できない困難な目標なのです。もし本気で現状のビジネスを点検し、本気で生き残りを目指すなら、誰もがきっと「戦う会計が必要だ！」と感じるに違いありません。

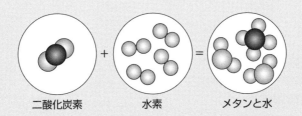

二酸化炭素　　　水素　　　メタンと水

ヒント36

脱炭素経営の基本式で、2050年の排出ゼロを必達！

サステナブルな経営を実現するための最も重要な柱が脱炭素です。そこには資源枯渇への備え（IN）と、地球環境の保全（OUT）という2つの目標がありました。脱炭素という経営目標が、実際にどんな経営管理に繋がっていくのかを考えてみましょう。

▶▶脱炭素という活動を「基本式」で表現する

理由は何であれ（地球環境のため、経済活動の存続のため、またはその両方のため）、日本は2050年の脱炭素を宣言しました。単純に考えれば、脱炭素とは化石燃料（枯渇する資源）から、再エネ（枯渇しない資源）への切り替えです。ただし再エネには3つの制約があることから（ヒント2参照）、脱炭素の実現は単なるエネルギーの切り替えではすみません。今回は脱炭素が、経営的にどのような管理になるかを考えてみることにします。

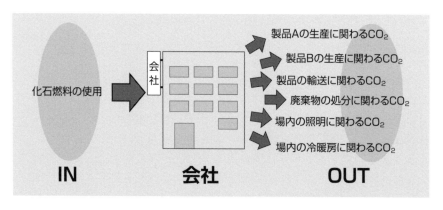

脱炭素の要諦は、事業活動を維持しながらCO_2の排出量をゼロにすることです。CO_2の排出量は、化石燃料の使用量（直接的使用＋間接的使用）でもありますから、CO_2の排出をゼロにすること＝化石燃料の使用量をゼロにすることだと言えます。また、この化石燃料の使用量は

① **事業付加価値**
② **エネルギー当たりの生産性**
③ **化石燃料依存率**

という3つの項から算出することができます。3つの項にわけて管理するのは、

事業付加価値が経済と環境の両立状況、エネルギー生産性が消費部門の活動、化石燃料依存率が調達部門の活動を示すものだからです。

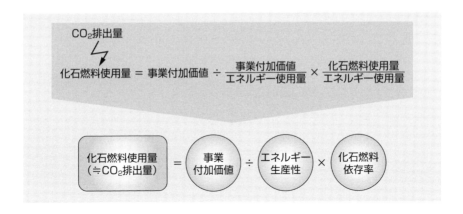

★事業付加価値について

　最も簡単な CO_2 排出削減は事業を止めてしまうことですが(!)、それでは問題の解決になりません。脱炭素の目標は、事業活動を維持・成長させながら、すなわち事業付加価値(付加価値の国内合計がGDPです)を維持・成長させながら、CO_2 の排出削減を達成することにあります。すなわち資源の制約の中でも事業付加価値を維持・成長させることこそが脱炭素の究極の目標なのです。従って経営(あるいは社会)は事業付加価値を見える化し、常にその変化に注意を払いつつ、慎重かつ大胆に脱炭素を進めなければなりません。

事業付加価値＝売上高－コスト

★エネルギー生産性について

　事業付加価値を維持・成長させながら CO_2 排出削減を進めるための1つ目の活動軸は、事業活動におけるエネルギー当たりの生産性(エネルギー生産性)をモニタリングし、その向上を目指すことです。これは主にエネルギー消費部門の活動になるでしょう。エネルギー生産性は、事業付加価値をエネルギー使用量で割ることで計算できます。この生産性の目標値は、会社がどの程度の再エネを確保できると考えるか次第で決まってきます。仮に2050年に確保できる再エネが化石燃料の3分の1程度になると見込むなら、エネルギー当たりの生産性の目標が3倍以上になっていなければ事業活動を維持できません。

$$\frac{事業付加価値}{エネルギー使用量}＝エネルギー生産性$$

★化石燃料依存率について

　事業付加価値を維持しながらCO_2排出削減を進めるための2つ目の活動軸は、エネルギー全体の使用量に占める化石燃料使用量の割合（化石燃料依存率）を着実に下げていくことです。これは主にエネルギー調達部門の活動です。化石燃料依存率は、化石燃料使用量をエネルギー全体の使用量で割ることで計算できます。ここでは原子力が化石燃料に含まれるのかどうかが問題になります。脱炭素を気候変動問題（地球に優しい）とだけ捉えるなら原子力は化石燃料には含まれません。他方、脱炭素を資源枯渇問題（事業活動の存続）と捉えるなら、原子力も化石燃料に含まれることになります。どちらであるべきかを決めるのは、経営がリスクをどのように判断するか次第です。

$$\frac{化石燃料使用量}{エネルギー使用量}＝化石燃料依存率$$

　以上をまとめると、脱炭素とはエネルギー生産性を3倍以上に向上しつつ（消費部門の目標）、化石燃料依存率はゼロに向かって低減し（調達部門の目標）、結果として化石燃料使用量（CO_2排出量）をゼロにしながら事業付加価値は維持する（経営全体の目標）という活動だとわかります。また、この結論からも明らかですが、会計的に事業付加価値を見える化しなければ、脱炭素は達成できないのです。

▶▶化石燃料は変動費、再エネは固定費になる

　脱炭素を推進する時、化石燃料の購入に関わる費用は明確に変動費ですが、再エネに関わる費用は将来的に固定費になっていく可能性があることに注意してください。現状では経済活動に占める再エネの割合が圧倒的に小さいため顕在化していない問題ですが、将来全ての経済・事業が再エネだけで回される時、再エネの3つの制約（資源量が限られ、出力が不安定で大規模な蓄積も難しい）が再エネに関わる課金を、従量制ではなく、一定期間の利用権といった固定的権利に変えていく可能性があるからです。

　ところで、従来の経営活動においてコストダウンと生産性向上が成功しなかった最大の原因は、変動費（コストダウンの対象）と固定費（生産性向上の対象）が会計的にしっかり分離されていなかったことと、付加価値が見えていな

かったことでした。ですから、化石燃料の購入費（変動費）と再エネの維持費（固定費）をしっかり区分して付加価値を明示した会計（例えば「戦う会計」）の導入を進めることが脱炭素成功の 1 つのカギになります。

① 変動費（コスト）と固定費（経営資源）をきちんと分離する
② 変動費（コスト）と固定費（経営資源）の総額と内訳をしっかり示す
③ 目標原価と実績原価の差異を示す（価格差異と数量差異）
④ 事業付加価値と各経営資源の生産性を明らかにする

▶▶P/L において付加価値を可視化することの重要性

　脱炭素社会後も維持しなければならない経済活動の規模は、会社レベルでは事業付加価値、日本全体では GDP で示されます。すなわち会社と経済社会にとって付加価値を可視化し、その維持・成長を目指すことが本質的に重要なのですが、従来の会計・経営ではそうした議論は行われてきませんでした。この点に光を当てることが、社会や事業における新たな成長や希望回復への出発点になるでしょう。

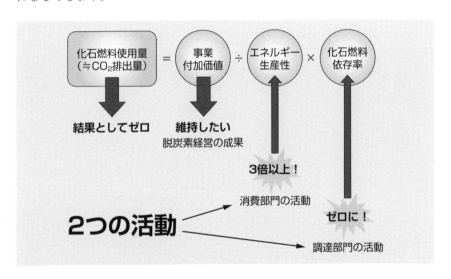

21 世紀を生き抜く会社作りのヒント

今まで　従来の脱炭素は、CO$_2$ の排出計算ばかりが注目されていました
今後は　脱炭素後でも付加価値を維持できるかが、日本経済の課題です

ヒント37

脱炭素経営の基本式を使ったシミュレーション

脱炭素経営の基本式でシミュレーションをしてみると、これから達成しなければならないこと、達成の困難さ、そしてその達成に向かってやるべきことが見えてきます。脱炭素後の経済・事業の成長が生産性の良否に大きく左右されることもわかります。

▶▶基本式で、脱炭素を推進する

脱炭素では、2030年までに46％、2050年までに100％のCO_2排出削減（≒化石燃料の使用削減）を達成しなければなりません（実質的にではなく本当に！）。それぞれの活動目標を基本式で整理してみましょう。

▶▶2030年までに達成すべきこと

脱炭素によって2030年までに達成すべき目標はCO_2排出46％削減です。すなわち化石燃料の使用量を46％削減しなければなりません。化石燃料への依存度を下げることは、これから想定される

価格高騰や資源争奪から、事業活動を守ることにも直結

しますが、同時に経営は、事業活動を維持するための再生可能エネルギー（再エネ）の導入を着実に進めておかなければなりません。以下に4つのケースを示します。なお、ここでは再エネ導入可能量の目安を、現在のエネルギー使用量の3分の1程度と想定しています。確保できると想定された再エネの範囲で事業を維持できるようにすることが経営の目標です。

★ケース1：CO_2を46％削減する最も簡単な方法は、事業付加価値（つまり事業活動）を46％縮小することです。もちろんこれでは解決策とは言えませんが、脱炭素に失敗すれば回避できなくなる選択肢です。

★ケース2：CO_2を46％削減する最善の方法は、エネルギー当たりの生産性を1.85倍に向上することです。これにより価格高騰や枯渇が懸念されるエネルギー使用量そのものを減らすことができ、事業競争力が大幅に高まるからです。なお、ここでいう生産性とは、エネルギー当たりの事業付加価値を問う生産性です（エネルギー生産性）。

★ケース 3：CO_2 を 46 ％削減するもう 1 つの方法は、再エネの導入で化石燃料への依存率を 46 ％下げることです。しかし再エネには資源量の厳しい制約があるため、同時に生産性もしっかり上げておかなければ、エネルギーが不足し、後で事業が存続できなくなるでしょう。

★ケース 4：最も現実的な CO_2 の削減方法は、ケース 2 の生産性向上とケース 3 の化石燃料依存率低下にバランスよく取り組むことです。仮に生産性を 1.8 倍に向上できれば、燃料依存率が 80 ％に留まってしまっていても、2030 年時点での事業規模を 20 ％もアップできます（事業活動あるいは GDP を 120 に拡大できるということです！）。

▶▶2050 年までに達成すべきこと

　2050 年までに達成すべきことは CO_2 排出の 100 ％削減です。それは現状の延長では絶対に達成できないことであり、

46 ％削減とは全く異次元の目標

であることに注意しなければなりません。しかも、国内でも激しい再エネ資源の争奪（結果としての価格高騰）が起こる可能性があり、確保できるエネルギー量の制約から事業縮小が余儀なくされるリスクがあります。そこで各社は究極の生産性向上を目指さなければなりません。仮に、事業に投入できるエネルギー量が 3 分の 1 になっても、生産性を 3 倍以上に向上して事業活動を維持していこうということです。

　ここで各社は、

2050 年までに確保できると予測する再エネの「種類と量」

に基づいて事業活動のシミュレーションを始めておかなければなりません。基本式から明らかなことですが、エネルギーシフトが成功して化石燃料依存率がゼロになれば CO_2 排出も自ずとゼロになります（地球環境の視点）。ただし、この時点でエネルギー生産性が真に向上していなければ、再エネの資源量の制約や価格高騰で、事業活動（事業付加価値）が維持できなくなるリスクがあることに注意してください（事業存続の視点）。

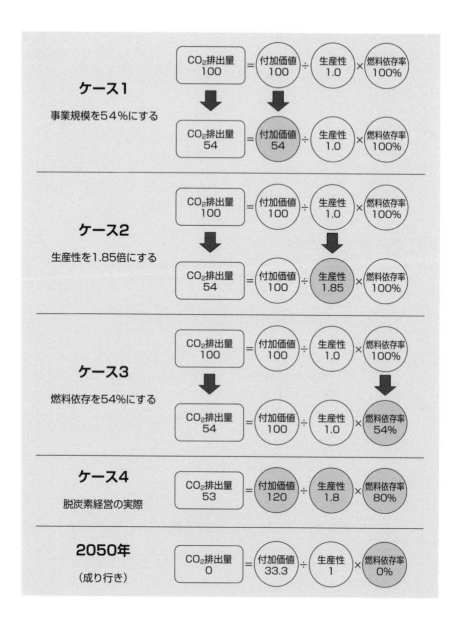

▶▶新しい経済成長の形

しばしば「○%成長」と表現される経済成長は指数関数でした。経済が成長すれば資源消費もネズミ算で増えます。しかし地上の全ての資源(地下資源・生物資源)が有限である以上、無限の成長を支えることはできません。その矛盾が2050年に向かって顕在化しつつあるのです。この矛盾を解決する方法がエネルギー生産性の向上です。従来のような見せかけだけの生産性向上ではな

く、真の生産性向上の達成こそが、

有限の資源と無限の経済成長という矛盾

を解決できる「たった1つの処方箋」なのです。そして生産性を真に向上させるには付加価値に向き合わなければなりません。「戦う会計」を使って！

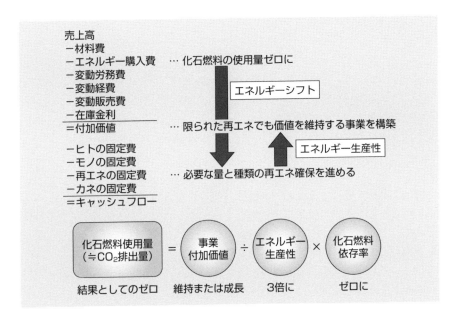

21世紀を生き抜く会社作りのヒント

今まで 「実質的に」という言葉で、真の脱炭素から逃げていました
今後は 脱化石燃料＋本当の生産性向上＝持続可能なビジネスです

手慣れたことを手当たり次第、それが失敗の原因！

CO_2 の 100％削減は、現状の事業活動の延長では絶対に（！）不可能です。この困難な目標を確実に達成するためにはロードマップを作り、着地点のイメージをしっかり持つことが必要です。「計画のグレシャムの法則（決断の先送り）」に注意しましょう。

▶▶やるべきこと…ロードマップを作ろう！

先日、「260万個もプラスチック製品をリサイクル」「すごーい！」という会話を耳にしました。ちょっと気になったのは、この一見大きな数字「260万個」が全体の何％だったかということです。260万個中の260万個だったら「すごーい」ですが、260億個中の260万個だった場合は「すごーい」とは言えません。もちろん小さな努力の積み上げを否定するわけではありませんが、それだけでは脱炭素は成功しません。本気で21世紀に生き残ろうと思うなら、ロードマップを作って活動の全体感を明確にすべきです。

▶▶なぜ、ロードマップが必要なのか？

まずロードマップは、大きな決断をするために必要です。私たちは往々にして大きな決断を先延ばしにし、日々の小さな活動に埋没しがちです（計画のグレシャムの法則）。日々の小さなリサイクルや省エネで精一杯に頑張っているような気持にはなれても、その延長では脱炭素は達成できません。どの段階で、どんな決断をすべきかを知るにはロードマップが必要です。

次に、決断のタイミングを知るためにもロードマップが必要です。勇気ある決断も、タイミングが早ければ効果が出ずに失速します。遅ければ手遅れとなります。決断の効果を最大化するには、ロードマップでタイミングを最適化することが必要なのです。

そして、関係者の行動ベクトルを揃える場面でもロードマップが必要です。一人ひとりがどんなに頑張っても、その方向性がバラバラだったら結果は出ません。会社や社会が何を目指しているのかを明確にし、知恵を集め、行動ベクトルを揃えるためにロードマップが必要なのです。

▶▶ロードマップを作ったら、やるべきこと

ロードマップを作ったら、秘蔵せずに共有しましょう。それは目標共有のた

めのコミュニケーション・ツールであり、相互の決意を確認するためのものだからです。そしてロードマップを作ったら作り放しにせず、状況変化に応じて更新しましょう。想定よりも環境変化が早かった、想定以上に効果があった／なかった、イノベーションが起きた、などの場面が更新のタイミングです。

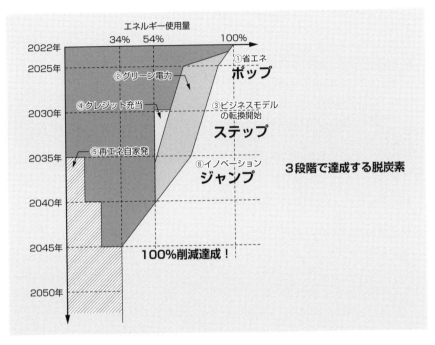

▶▶ホップ、ステップ、ジャンプ

　ロードマップを策定すると、脱炭素の達成までに概ね3つの段階が現れてくることが想定されます。

①　**ホップ**：省エネやリサイクルの開始です。CO₂削減（化石燃料の削減）を実際にやってみることで、現状を把握し、達成すべき目標の困難さを認識し、関係者の行動ベクトルを集約していきます。

②　**ステップ**：既存の技術の範囲で、製品やサービスの在り方、製品構成、ビジネスモデルなどを見直します。例えば、モデルチェンジで消費を煽り薄利多売で利益を確保するビジネスモデルから、堅牢で高品質な製品に回帰し厚利少売で利益を確保するビジネスモデルへのシフトなどです。

③　**ジャンプ**：人材を育成し、技術や業務においてイノベーションを起こします。真の経営革新を経て最終的な脱炭素を達成しなければなりません。

▶▶ロードマップがないと、何が起こるか？

ロードマップがないと、以下の失敗リスクがあるので注意しましょう。

✔ 細かい活動で満足し、全体感を見失う
✔ 大切なことと、些末なことの見わけがつかない
✔ 手付かずの課題があっても気づかない
✔ 大きな決断を先延ばしにしてしまう
✔ 結果として、対策が間に合わない
　➡ 2030 年の 46 ％削減に失敗
　➡ 2050 年の 100 ％削減に失敗
　➡ 燃料枯渇への対策が間に合わない

ですから、必ずロードマップを作りましょう。2030年／2050年の経済社会と事業の姿はどうなっているか？　どうなっているべきか？　着地点をイメージして活動するか／しないかで、その結果には大きな違いが生じます。

▶▶必ず結果を出さなければならない

「260万個もプラスチック製品をリサイクルしました」「すごーい！」という会話に象徴されるように、細かい活動をたくさん並べて「こんなに頑張りました！」と満足してしまっているのが今日の脱炭素やSDGsの現実だと感じます。ただ表面的に頑張ればよいわけではなく、2050年までに100％削減という結果を確実に出さなければなりません。これは生きるか死ぬかの問題です。どうしても目途が立たなければ、計画的な事業撤退をすべき場面すらあります。それは最終的に、会社の在り方〜工場の姿〜1人ひとりの働き方を全く変えてしまうほどの変化になるはずです。

▶▶2030年までの活動は、2050年への通過点であるべきこと

2050年までに達成しなければならない目標は極めて困難なものですから、2030年までに達成すべきことはその通過点でなければなりません。回り道や問題の先送りをすれば、時間と資金を失って本当に必要な対策が間に合わなくなってしまいます。

2023 年 ➡ 2030 年 ➡ 2050 年 ➡ さらにその先

着地点をイメージする/しないで、
大きな違いが！

▶▶余裕を持って目標を達成する

往々にして計画は予定通りに進捗しないものですから、2050年の脱炭素（$CO_2$100％削減）の達成がギリギリになり過ぎないようにロードマップを作りましょう。2050年に対して余裕を持った脱炭素を目指すのには、もっと積極的な理由もあります。おそらく脱炭素を達成した事業は、

活力とイノベーションに満ちた競争力ある事業

に違いないからです。競合他社より先に実現できれば有利である一方、競合他社に先を越されれば、事業は危険な状況に陥ってしまうかもしれません。

21世紀を生き抜く会社作りのヒント

今まで 省エネでお茶を濁し、真の事業変革に向き合っていませんでした
今後は 脱炭素は競争力向上に直結します。前倒しで取り組みましょう！

ロードマップで、省エネやクレジットの限界を知る

CO₂の100％削減は、しばしば「実質的な削減」と表現されます。そこには省エネやクレジットの充当で現状の経済社会や業務の在り方を先延ばしにしたいという多くの方々の思いを感じますが、それが必ずしも有利な選択ではないことを知ってください。

▶▶省エネへの期待と注意すべきこと

　かつて日本は、こまめな省エネで石油危機を乗り切りました。それが日本の経営の強い成功体験になっている一方で、すでにエネルギーの利用効率はそれなりの高水準に達しています。「やればできるはずだ！」という精神論は別段、省エネだけでは目を見張るような効果は期待できなくなりました。また、省エネはあくまで現状のビジネスを前提とした上での省エネであって、本質的なゼロエネ（脱炭素）に結びつくものではありません。真のゼロエネを目指そうと思うなら、ビジネスモデルそのものの変更に踏み込まなければならないのです。それは「省エネ」ではなく「卒エネ」とでもいうべき水準の目標です。

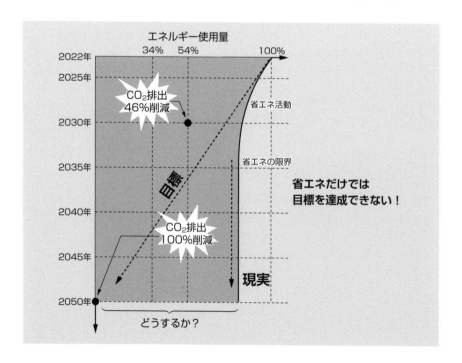

　「生きるか死ぬか」の問題としてのサステナビリティは、小さなリサイクルや省エネ（だけ）では達成できません。どんなに省エネを積み上げても、CO_2の 100 ％削減は絶対に不可能です。しかしその厳しい現実をしっかり理解するという意味でなら、省エネは有効な活動です。机上の空論とは異なり、実際に現実に向き合って省エネをしてみれば、脱炭素達成への道程がどれほど厳しいものであるかが改めて実感できるからです。

▶▶「実質的削減」という表現に滲むクレジットへの期待

　しばしば繰り返される「CO_2を実質的に削減」という表現に、クレジットへの大きな期待を感じます。クレジットとは、誰かが CO_2 の削減目標を達成できなかった時、目標を超過して達成した別の誰かから超過達成分を譲り受け、自らのCO_2削減実績に充当するなどです。どうしても CO_2 削減が間に合わなかった場合でも社会的責任を果たすことができる便利な仕組みですが、その利用に際して重要な注意点があったことはあまり知られていません。

▶▶クレジットには 2 種類ある

　クレジットには、大きく見て 2 種類あります。1 つ目は、CO_2 の削減目標が課されている状況の下で超過達成分を譲渡する制度で、キャップ・アンド・トレードと呼ばれます。これが一般的にイメージされるクレジットの姿ではないかと思います。しかしクレジットにはもう 1 種類、ベースライン・アンド・クレジットと呼ばれるものもあります。これは CO_2 の削減目標が課されていない発展途上国などに行って「火力発電所を建設する計画があります！」等と宣言した上で、同時にその排出を削減するプロジェクトを実施することによって、クレジットを創出するものです。2 種類のクレジットには、それぞれ固有の問題があるので、利用に際しては注意が必要です。

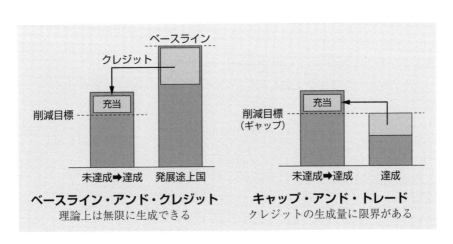

▶▶キャップ・アンド・トレードの問題点

　これは目標に対する超過達成分を譲ってもらう制度でした。2030年の時点では、46％削減という目標に対して超過達成している会社がたくさんあると期待されます。ところが2050年の段階になると、削減目標が100％に上がるので、超過達成クレジットが枯渇してしまうことに注意しましょう。

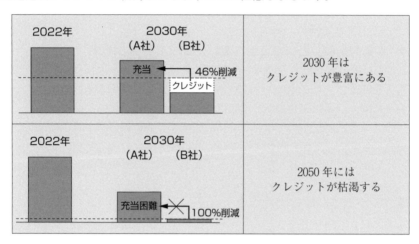

▶▶ベースライン・アンド・クレジットの問題点

　経済格差などの理由で発展途上国に明確なCO_2削減義務が課されない場合、ベースライン・アンド・クレジットを使えば、ベースライン（「こうなるはず」だった排出量）をどんどん引き上げることでクレジットを無限に作り出せます。しかしそれでは事実上CO_2削減の抜け道になることから、使用が禁止になる可能性が高いとも言われています。使用禁止になったら頼れませんし、使用禁止にならなかった場合には化石燃料の消費が止まらず枯渇リスクが高まります。どのみち、クレジットに頼った脱炭素というものは成立しないのです。

▶▶あくまでも補助的・緊急避難的に使うべき

　巧妙で便利な仕組みに見えるクレジットですが、利用上の注意をまとめると以下の通りです。

注意①：2つのクレジットには売り切れリスクや価格高騰リスクがあります。常に十分なクレジットが存在するわけではないので、あてにしてビジネスモデルの転換を先延ばしにすると2050年に身動きが取れなくなります。
注意②：クレジットの充当を想定し2030年までCO_2削減を先送りしてしまった会社は、今度は2050年までの極めて短い期間で事業構造の転換や生産性向上に取り組まなければならなくなり、失敗リスクが高まります。

注意③：本来は自社／自国の構造転換や生産性向上に投じられるべきだった資金が、クレジット代金として他社／他国に流出してしまうので不利です。

　地球環境の視点に立てば、クレジットの利用には一定のメリットがあります。しかし経済存続の視点に立てば、利用者が一方的に不利です。なぜなら、クレジットの供給者は受け取った代金で再エネ資源の開発を推進できる一方、代金を支払う利用者においては、本来自らの事業構造の転換や再エネ確保に投じるべきだった資金が外部流出してしまうことになるからです。国家間で取引される場合も、供給国では再生エネの整備が進む一方で、受給国からは資金が流出し再エネ資源の整備が遅れることになります。仮に2050年のCO$_2$排出100％削減が見かけ上達成できても、

エネルギー不足で経済社会や事業が回らなければ意味がありません

　エネルギー不足の問題は、工業的手法によるCO$_2$吸収や水素の利用にもついて回ることですので、ご注意ください。

▶▶地球のため？　経済のため？

　クレジットを使って現状の経済／事業を維持するのはクレバーなやり方にも見えます。しかし資源枯渇のリスクを考える時、クレジットの利用が却って経済／事業の存続を困難にしてしまうとするなら皮肉です。同様の問題は、CO$_2$吸収や水素や原子力にも存在します。改めて考えてみて下さい、

守りたいのは地球なのか、私たちのくらしなのかを

　2030年や2050年の削減が、ホップ〜ステップ〜ジャンプのタイムラインと整合しない場合に、クレジットやグリーン電力で凌ぐのは賢明な方法です。しかしそれらはあくまで一時的な利用に留めるようにしましょう。

21世紀を生き抜く会社作りのヒント

今まで　クレジットの利用をあてにして、構造転換を先送りしていました
今後は　真のゴールを見失わず、本気で脱炭素を達成しなければなりません

「戦う会計」で、2050年をシミュレーションする

CO$_2$100％削減は、極めて困難な目標です。それは、「地球環境のため」「とにかくやるんだ！」といった感情論や精神論では絶対に達成できません。そこには数値データを踏まえた経営的で精密なシミュレーションとPDCAが絶対に不可欠です。「戦う会計」が、このPDCAを支えます。

▶▶省エネだけでは、サステナブルな経営は実現できない

一般に、サステナブルな経営（または脱炭素やSDGs）は省エネやリサイクルの延長で達成できると受け止められてきたようです。しかし本当に省エネやリサイクルだけで目標（脱炭素なら2030年にCO$_2$排出46％削減、2050年にCO$_2$排出100％削減する）が達成可能なのかどうかは、現状のエネルギー使用状況のデータを踏まえた数字によるシミュレーションを行わない限り判断できません（おそらく達成できない）。

それ以上に問題なのは、会計的シミュレーションをしなければ、環境と経済（くらし）が両立できるかどうか／両立のために何をすべきか、が見えてこないということです。経済成長の必要性が叫ばれながら、今までこうしたシミュレーションの努力が行われてこなかったことは悲劇です。その原因の1つが、既存のP/L（損益計算書）の不備でした。

▶▶「戦う会計」が、どうしても必要になる！

本来、経営活動のシミュレーションによって適切なPDCAを回していくためのツールがP/L（損益計算書）でした。しかし現状のP/Lは深刻な機能不全に陥っており、厳しい経営環境と戦える状況にはありません。古いP/Lでは環境も経済も回せない（結果として生き残れない）ということです。

今改めて、サプライチェーン全体の活動を一体化し、変動費と固定費をしっかり分離して、コストの内訳や付加価値や生産性を見える化した「戦う会計」がどうしても必要です。

＜古いP/Lの問題点＞

✔ サプライチェーンの分断で、エネルギー消費実態が不明でした

✔ コスト内訳が見えず、エネルギー・プラスチックの消費実態が不明でした

✔ 事業の付加価値を示さないので、事業活動の生産性が不明でした

▶▶エネルギーバランスシートを作ろう

再エネの導入（≒CO_2 削減）を進めるため、エネルギーバランスシートも作成して使用量の管理をしましょう。困難な経営上の判断を支援できます。

資金の運用		資金の調達	
流動資産	＊＊＊円	流動負債	＊＊＊円
		固定負債	＊＊＊円
無形固定資産	＊＊＊円	株主資本	＊＊＊円
有形固定資産	＊＊＊円		

通常の貸借対照表（バランスシート）

エネルギーの運用		エネルギーの調達	
サプライチェーンへの投入	＊＊＊MJ	燃料の外部購入（CO_2）	＊＊＊MJ
一般管理部門への投入	＊＊＊MJ	再エネ（外部調達）	＊＊＊MJ
蓄積されたエネルギー	＊＊＊MJ		
活用できなかった再エネ	＊＊＊MJ	再エネ（自家発電）	＊＊＊MJ

エネルギーバランスシート

▶▶2030 年に向かうためのシミュレーション例

イメージをつかむため、2030 年に向かうシミュレーションを「戦う会計」で実際にやってみましょう。シミュレーションをしてみればわかることですが、目指す目標は、ただ単にプラスチック類や化石燃料の使用を減らしてCO_2 排出を 46 ％減らせばすむという話ではありません。プラスチック類や化石燃料の価格が上昇しても事業の付加価値を維持するためには膨大なイノベーションが必要です。また、2050 年以降にさらに厳しい状況に陥ることを考えれば、2030年の目標は 2050 年の目標を達成するための

通過点になっていなければなりません

昨今、社会は未来への希望を失って陰惨な事件が増え、少子化も止まりません。社会が希望を回復するためには、美麗な言葉ではなく数字（会計）で目標を立てる必要があるのです。

＜戦う会計／2030年のシミュレーション例＞

	2023年			2030年の予測例		
	¥	単価	使用量	¥	単価	使用量
売上高	2000	(36)		2100	(46)*4	
−材料費（プラスチック）	500	10	50	390	15 *1	26
−材料費（再生可能材）	100	15	7	400	20 *2	20
−エネルギー購入費	200	2	100	150	3 *3	50
−変動労務費	100			70		
−変動経費	100			70		
＝付加価値	1000			1020		
−固定労務費	300			300		
−再エネ維持費	0		0	20	2	10
−減価償却費	300			300		
−資本コスト	300			300		
＝キャッシュフロー	100			100		
排出削減（プラスチック）			0％			48％
排出削減（化石燃料）			0％			50％
使用量（全材料）			55			46
使用量（全エネルギー）			100			60

※1：プラスチック類の価格が10 ➡ 15になると想定（原料高騰とリサイクルコスト等）
※2：再生可能材の単価が15 ➡ 20になると想定（技術的困難や国内需要増により）
※3：エネルギー購入費の単価が2 ➡ 3になると想定（化石燃料の価格高騰により）
※4：イノベーションにより、製品の販売単価を36 ➡ 46に引き上げることを目指す

この計画で排出削減46％は達成見込み（プラスチック48％削減、化石燃料50％削減）

▶▶2050年に向かうためのシミュレーション例

　今度は2050年に向かうシミュレーションをしてみましょう。プラスチック類や化石燃料の価格がさらに上昇しても、CO_2排出削減100％（＝使用ゼロ）が達成できていればその影響を免れることができます。ただし国内では再エネ資源が限られ、その争奪が予測されるので、エネルギー使用量は大幅に抑制（例えば3分の1）にしながら、事業の付加価値は増やすという離れ業をやってのけなければなりません。見込みがないなら早期撤退も必要です。

＜戦う会計／2050年のシミュレーション例＞

	2023年			2050年の予測例		
	¥	単価	使用量	¥	単価	使用量
売上高	2000	(36)		2400	(60)*4	
－材料費（プラスチック）	500	10	50	0	100*1	0
－材料費（再生可能材）	100	15	7	1000	25*2	40
－エネルギー購入費	200	2	100	0	20*3	0
－変動労務費	100			70		
－変動経費	100			70		
＝付加価値	1000			1260		
－固定労務費	300			300		
－再エネ維持費	0		0	260	8	33
－減価償却費	300			300		
－資本コスト	300			300		
＝キャッシュフロー	100			100		
排出削減（プラスチック）			0％			100％
排出削減（化石燃料）			0％			100％
使用量（全材料）			55			40
使用量（全エネルギー）			100			33

※1：プラスチック類の価格が10➡100になると想定（原料高騰とリサイクルコスト等）
※2：再生可能材の単価が15➡25になると想定（技術的困難や国内需要増により）
※3：エネルギー購入費の単価が2➡20になると想定（化石燃料の価格高騰により）
※4：イノベーションにより、製品の販売単価を36➡60に引き上げることを目指す

　この計画では、どうやらCO$_2$排出削減100％は達成できる見込みです（プラスチックと化石燃料がともに100％削減）。エネルギー使用量も3分の1に低下させながら、付加価値やキャッシュフローは維持しています。時々刻々と変化する事業の状況に応じてシミュレーションを繰り返し、このようなバランス点を見出していかなければなりません。

21世紀を生き抜く会社作りのヒント

今まで　従来の財務会計・管理会計では、シミュレーションは不可能でした
今後は　本気でサステナブル経営を実現しましょう、「戦う会計」を使って

「260万個が凄い」と思ってしまうことの問題

　「260万個もプラスチック製品をリサイクルしました」「すごーい！」というコマーシャルがありました。その努力は尊いものではありながら、こうした会話が成立してしまうメンタリティに潜む危険がおわかりでしょうか？　それは、この一見大きな数字「260万個」が、全体の何%の回収率だったかわからないことです。260万個中の260万個だったなら、確かに「すごーい」ですが、260億個中の260万個だった場合は、手放しで「すごーい」とは言えません。

　もちろん、私だって1人ひとりの小さな努力や善意の積み上げを否定するつもりはありません。でもこれは社会全体の生き残り（生きるか死ぬか）に関わる問題です。私たちが260万個に対し、前提も確かめずに「すごーい」と呑気な反応をしてしまいがちなのは、全体感を欠いているからです。残念ながら、この全体感の欠如という問題は、国内経済全体や各社の事業活動レベルにおいて広くみられるようです。そしてこの問題は、日ごろ私たちが使っている会計が機能不全であるがゆえに、数字で考えることに慣れていない結果なのだと私には思われてなりません。会計関係者の方々が果たすべき責任は重大です。

そうだったのか！

ガリレオ・ガリレイ

サステナブルな経営で実現する！
新しい会社の形

「2050年に脱炭素」
と口でいうのは簡単ですが、それがどれほど困難な目標であるか考えてみて下さい。それは、石油も石炭もガスもウランもプラスチックもない社会、食糧すら簡単には輸入できない時代を生き抜く社会を

今からたった30年で作り上げる

という途方もない命題です。そこには、本音の議論と、既存の常識に囚われない発想と、膨大なイノベーション、そして「戦う会計」が必要です。極めて困難なこの命題が達成される時、社会の姿や会社の姿は、今とは全く違ったものになっているでしょう。それは案外、資源が豊富にあった時代に粗末にされてきたものを1つひとつ取り戻し、貧富の差を無意味にし、

1人ひとりの思いや暮らしを大切にする社会

を実現していくプロセスでもあるに違いないと私は思います。

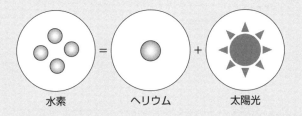

水素　＝　ヘリウム　＋　太陽光

このままでは ESG どころか資本主義すら怪しい

燃料もプラスチックも食料も手に入らない……厳しい時代がやってくるにもかかわらず日本のサステナビリティや ESG はまだまだ呑気です。サステナブルな経営を実現するためには、その前提となる経済や会社の基本的な仕組みを再確認しておかなければなりません。

▶▶ESG と言う前に、まず WACC の確実な達成を！

サステナビリティといえば ESG 投資を想起する方が多いかもしれません。これは短期的利益に偏っていた従来の財務情報だけでなく、環境・社会・ガバナンス（Environment／Social／Governance）といった要素も考慮する投資行動です。その背景には、年金基金などが投資先企業のサステナビリティを重視するようになってきたことがあると言われます。とは言え、

足元の短期的な利益すら危うい事業

見せかけの指標による見せかけの経営に陥っている会社がESGを振り回しても、新たな見せかけが生まれるだけです。言い換えれば、当然にやるべきことが当然に実行される経営への回帰こそが、結果的に EGS やサステナビリティの達成にもつながるということです。ESG 経営とは、決して

表面的で無意味な何かを、新しく始めることではありません

ところで、今日の日本に見せかけだけを取り繕う経営が広がっているのは有効な会計を欠いているからですが、有効な会計を欠いても平気だったのは

資本コスト（WACC）達成への責任感が希薄

だったからだと考えられます。ここでいう資本コスト（WACC）とは、借入コスト（他人資本のコスト）と株式調達のコスト（自己資本のコスト）を加重平均したものです。

▶▶「自己資本＝タダ金」という認識を作り出してきたもの

言うまでもなく、株式会社は資金を調達して事業活動を行い、利益を出して資金提供者の期待（WACC）に応える存在です。ですから、その根本的使命は

資本コスト（WACC）の達成だと言えます。ところが日本国内では、

自己資本（株主資本）＝タダ金

であるという認識が根深く広がっていて、他人資本のコスト（怖い銀行）への対応を重視する一方で、自己資本のコスト（モノ言わぬ株主）には無頓着であり、WACCという考え方が根付いていなかったのです。そのことが、日本の資本主義をナンチャッテにし、株価やGDPの停滞、日本経済の凋落に繋がりました。

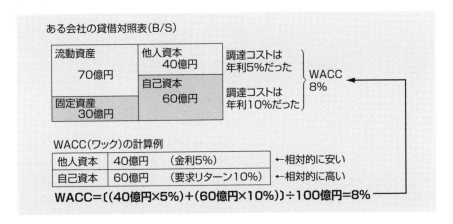

▶▶「自己資本＝タダ金」という前提でできあがった日本の経済社会

正面から「自己資本ってタダ金なんですってねぇ」と問われて「はい、そうです」と答える専門家はいないと思いますが、現実の経済社会において「自己資本（株主資本）＝タダ金」という認識が深く浸透してしまっていることを

指摘する専門家はいませんでした

そうした現実が強く感じられるのは、例えば以下の場面です。

★目標とすべき自己資本比率の説明などで頻繁に見かける表現

多くの会計専門家の説明文には、「自己資本は返済不要で、業績次第で配当も不要の安定した資金」という表現がしばしば現れます（ヒント25参照）。一言でいえば、元利とも返済不要のタダ金ということになりますが、もちろんこうした認識は誤りです。投資者にとって危険資産である自己資本に期待される見返りは非常に高く、会社にとっては本当は高コストな資金なのです。

	会社の目線	資金提供者の目線
他人資本	銀行からの借り入れ	ローリスク・ローリターンな投資
自己資本	株主の出資	ハイリスク・ハイリターンな投資

※元利保証された債権や預金などの安全資産が銀行を経由して他人資本になります。一方、自己資本を形成する株式は、大きく儲かる可能性もある一方で紙くずになってしまう可能性もある危険資産です。

確かに自己資本は、他人資本とは異なり、直接的な返済に煩わされず長期的な視点（例えばESGの視点）で経営を行うことができるというメリットがある資金ですが、決してタダ金ではありません。まずは足許の自己資本比率（しばしばそれは50％を超えるべきだと言われる）の本質を正しく理解しなければ、

資本主義やESGを語ることはできません

★「会社の内部留保が多すぎます」という表現

これは報道番組などでしばしば見られる表現です。「内部留保＝会社のお金＝寝ているお金」という認識が滲む表現ですが、誤りです。内部留保は自己資本の一部ですが、自己資本は株主が高いリスクを背負いながら高いリターンを期待して会社に預けているお金です。会社が株主の負託に答えて適切に事業活動し運用責任を果たす限りにおいて会社の内部留保が多いことは何の問題もありません。問題なのは内部留保が多か少ないかではなく

誰もが内部留保を「会社のタダ金」だと思い込んでいることです

★「配当が年〇回もある利回りの良い株式」という広告

配当されなくても自己資本は株主のものです。配当されなかった場合は継続運用となってさらに大きなリターン（キャピタルゲイン）をもたらすだけですから（一時的な投機の影響を別にすれば、株価は自己資産額と将来への期待で決まります）配当回数の多寡は本質的なことではありません。それにもかかわらず内部留保が配当されないことが問題だと言われるのは、その前提として

自己資本が会社のタダ金だと、会社も株主も思い込んでいるからです

▶▶私たち自身が被害者でもあり加害者でもある

株主のお金がタダ金扱いされ、粗末に扱われていると言われても他人事のよ

うに感じるかもしれませんが、実は

今日の株主は、私たち自身です

　株式会社の本質は、多くの人が小さな出資を持ち寄って大きな会社を作り、大きな事業をして良い社会を作り上げていくことにあります。積極的に株式投資をしていなくても、私たちは退職金や年金の運用で必ず株式投資に関わっています。そしてそれは、豊かでサステナブルな社会に貢献する良い事業を作り上げ、結果として退職金や年金をしっかりもらうための大切な出資なのです。そんな私たちが会社で「自己資本（株主のお金）＝タダ金」と思い込み、見せかけ会計の放置、経営課題の見えぬ化をすれば、損をするのは私たち自身です。「自己資本＝タダ金」という認識が、

日本経済の低迷や退職金・年金の崩壊を招いています

▶▶「自己資本」という名称を止め、「株主資本等」と呼ぶべき

　今日の株式会社では、会社所有（株主）と会社経営（取締役）の分離が進みました。経済の拡大で、個人レベルでは資金調達と経営能力の両立が難しくなったからです。ところが株主の出資金は今日も「自己資本」と呼ばれています。これは、会社の所有と経営が一致していた時代の慣行を引きずった名称です。この名称ゆえに会社は自己資本をタダ金と思い込みがちでした。しかし

私たちが自己資本をタダ金と思い込み、寝かしている限り

サステナブルな経営はあり得ず、良い社会〜サステナブルな社会はやってきません。この資本主義社会として恥ずべき誤解を解消するには、資本主義の仕組みや企業会計に関する正しい教育、そして「自己資本」という名称を廃し「株主資本等※」と呼ぶべきことを感じます。専門家の方々も古い常識に安住せず、サステナブルな社会への変革をリードしていかなければなりません。

（※）大まかに見れば、株主資本≒自己資本≒純資産です。また自己資本は正式なB/S用語ではありませんが慣例的に多用されています。

21世紀を生き抜く会社作りのヒント

今まで　会社も私たちも、自己資本＝タダ金と思い込み、寝かしていました
今後は　経済・会社の基本を知り頑張れば、できることはたくさんあります

ヒント 42

設備投資がこれでは良い会社を作れない

私は管理職として複数の大手製造業で設備投資に従事してきましたが、資本コスト（WACC）という言葉を聞いたことがありませんでした。ましてやその達成を意識して起案したこともありません。会計知識が設備投資にどう役に立つのかも知らなかったのです。

▶▶新たな「見せかけとごまかし」の予感

本書の「持続可能な経営を支える管理会計」では、普通の会社経営とESG経営を別々のものとは考えていません。事業環境において、自然・資源（Environment）や社会（Social）の変化を評価し、必要な経営管理（Governance）を手当していくことは当たり前のことであり、

経営として当然の所作だからです

それにもかかわらず、ESG経営を、

✓ 全く新しい何かであるように薦める場面
✓ 新しい特別な経営であるかのように語る場面
✓ 新しい無意味な何かのように語って逃げ回る場面

に対して危険なものを感じます、21世紀を生き抜けないという意味で。例えば先般、新しい脱炭素に関する2時間ほどの講演を行いました。幸い、講演そのものは大変に御好評をいただきましたが、講演後に話しかけてきた方のちょっと自慢げなコメントが気になったのです。

「私、ESGやってます。TCFDやSBTにも参加してるんですよ！」

これから本当に問われるのは、資源の枯渇（化石燃料・プラスチック・食糧の枯渇）という未曽有の危機にどう備えるかというテーマです。それは決してCRS的なアピールに止まることではなく、全社を挙げて取り組むことであり、

生きるか死ぬかの真剣勝負です

▶▶21世紀を生き抜くため、見せかけの経営を卒業！

　ここまでの検討を踏まえ、今日の国内製造業の経営と、これから私たちが目指さなければならないサステナブルな経営の違いを整理してみましょう。

従来の経営 （たぶん生き残れない）	サステナブルな経営 （絶対に生き残る！）
株主資本を自己資本と呼ぶ	株主資本を自己資本とは呼ばない
株主資本はタダだと思いこんでいる	株主資本は高コストだと知っている
在庫はお金の塊だと騒ぐのに、株主資本は多額に寝ていても平気。古い専門家の言いなり。流動比率が高すぎる	在庫と当座資産のバランスに注意している。高コストな株主資本を寝かさないよう流動比率を慎重に設定している
設備投資で資本コストを考慮しない	設備投資で資本コストを考慮する
その結果 ⬇	その結果 ⬇
経営課題を見えぬ化して放置する	経営課題を可視化し、手当を試みる（「戦う会計」の導入）
脱炭素など重要な決断を先送りする	脱炭素に積極的に取り組む（「戦う会計」の導入）
経営資源の生産性を管理しない	経営資源の生産性向上を目指す（「戦う会計」の導入）
付加価値の最大化を目指さない	付加価値の最大化を目指す（「戦う会計」の導入）

▶▶プロジェクトや設備投資をどう計画し、認可し、実行管理するか？

　残念ながら、今まで多くの会社経営が見せかけでした。そのことは、設備投資プロジェクトや製品開発プロジェクトの認可などにおける意思決定のあり方にも見ることができます。

★勘と気合法

　これは「担当者の気合に免じて認可する」という意思決定です。私も若いころ経験しました。小さな設備投資の稟議が何度も通らず、5回目であっさり認可されたので1～4回目の起案書は何が問題で、5回目の起案書のどこが良かったのか尋ねたのです（業務効率化のため）。するとこんな答えをいただきました。「私は必ず4回は突き返すと決めている。それでもめげずに持ってくれば、その気合に免じて認可するのだ。」確かに気合は大切ですが、

担当者の気合は、計画の合理性とは関係ありません！

183

★プレゼン良ければまあいいか法

これは「勘と気合法」から派生した意思決定方法で、昨今ではDX関連の稟議で多く見られます。昭和という時代が終わり職場の雰囲気は変わりました。意思決定のポイントも、気合からスマートさへと移り変わったようです。いつも担当者が良いプレゼンを心掛けるべきなのは当然ですが、だからといって、

プレゼンの良否は、計画の合理性とは関係ありません！

★横並び法

勘と気合でもプレゼンの良否でも判断が付かない場合に多用される方法です。同業他社の動向や前例の有無が判断基準です。しかしこの方法では絶対にイノベーションは起きませんし、競争上の優位を得ることもできません。極論すれば経営の放棄とも言うべき意思決定方法です！

★回収期間法

これは国内で最も広く実践されている評価方法だと言われます。資金投入額を回収額がいつ上回るかで判断します。上記の方法よりはよいのですが、

この方法においてもWACCは考慮されていません！

現実を目の当たりにしなければ信じ難いかもしれませんが、日本の経営では

勘と気合や横並びで意思決定

が行われるケースが大半でした。資本コスト（WACC）の達成が考慮されることはなく（考慮の仕方すら教わっていなかった）、国内経済低迷の重要な原因になってきたのです。

▶▶「粗末な意思決定＝粗末な未来」だということ

考えてみれば、設備投資や製品開発などのプロジェクトは、小さな会社の設立のようなものです。既存の設備は老朽化・旧式化していきますし、会社が社会に提供している製品・サービスもまた次第に陳腐化していきますから、何か手を打たなければ会社は消滅します。社会も発展しません。そこで会社は、新たな設備投資や製品開発を推進し、社会の発展と会社の存続（サステナビリティ）を図っていくことになります。

未来へ！

　その意味で、設備投資等のプロジェクトの立案と実施判断は、会社と社会の明日（サステナビリティ）を決める重要な活動だと言えます。設備投資の段階で大きく失敗すれば、日本のお家芸だったカイゼン活動でどんなに頑張っても挽回はできません。言い換えれば、後からカイゼンで頑張るくらいなら、

最初から合理的な設備投資を行うべきなのです

▶▶「粗末な意思決定＝資本コストの未達成」だということ

　設備投資計画を立てる際には、自然と資源（E）、社会（S）といった要素は当然に評価対象に含めておかなければなりません。そして資本コスト（WACC）が確実に達成されるように計画を立てなければなりません。その代表的な手法が内部収益率法（IRR 法）と呼ばれるものです。

21 世紀を生き抜く会社作りのヒント

今まで　勘と気合、横並び、回収期間法で意思決定が行われてきました！
今後は　内部収益率法を学んで、資本コストの必達を目指してください

ヒント 43

内部収益率法を使わない＝株主軽視の動かぬ証拠

これから脱炭素に向かって会社の姿を大きく変えていかなければなりません。設備投資や研究開発などのプロジェクトの管理に際しては必ず内部収益率法を使って WACC 達成を目指さなければなりませんが、国内では積極的に用いられてきませんでした。

▶▶サステナブルな経営は、WACC の周知と正しい設備投資から

国内製造業の設備投資等のプロジェクトにおいて、資本コスト（WACC）が考慮されず、株主資本が粗末に扱われてきたという日本の現実は衝撃的です。

> ✔ プロジェクト担当者が、会社の目標 WACC の値を知らされていない
> ✔ そもそも WACC とは何であるのかを知っている人がほとんどいない
> ✔ WACC を考慮して判断する方法を知っている人がほとんどいない

結果として、多くの会社で WACC の達成が考慮されることはなく、国内会計も WACC の達成に無頓着な会計になってしまっています。WACC の達成が目標とされていなかったのですから、会社は株主から見放されて株価が低迷、経済は停滞、円安進行、退職金や年金すらもらえない、社会は希望を失い少子化が進行という状況に陥るのは当然だったのです。

▶▶WACC の達成状況は、非上場会社の事業承継にも関わってくる

仮に会社が非上場のオーナー企業であったとしても（！）、WACC の達成はとても重要です。なぜなら、WACC が達成できていないような状況では、事業承継に支障をきたすことは確実だからです。WACC は必ず達成しましょう。

WACC の重要さが理解できたら、以下の行動に移らなければなりません。

> ✔ 経理財務の方に、会社が目標とすべき WACC の値を尋ねる
> ✔ プロジェクトの評価に WACC の達成が考慮できる方法を採用する

もし経理財務部門で WACC がわからなければ計算してもらいましょう。それは経理財務の果たすべき根本的な役割の１つです。会社が目指す WACC がわかったら、以下の方法でプロジェクトの評価をやってみてください。

WACC を考慮した設備投資判断	✔ 現在正味価値法 ✔ 内部収益率法（IRR 法）

▶▶正味現在価値法と、その限界

　株式会社において資本コスト（WACC）の達成こそが根本的責任です。ですから、資金調達にかかった資本コストの実績（例えば8％）を把握し、管理上の目標を定め（例えば10％）、関係者に周知して必達を目指さなければなりません。正味現在価値法は、会社に入ってくる／会社から流出していくキャッシュを見積もったうえで、資本コストを負担しても最終的に余剰のキャッシュ（正味現在価値と呼ばれるもの）が手元に残るか否かという分析をします。

正味現在価値がプラスなら手元にキャッシュが残るという判断です。
正味現在価値がマイナスなら手元にキャッシュが残らないという判断です。

　そこで、正味現在価値がプラスになるものだけ実行することで、資本コストの達成を目指すことができます。ですから正味現在価値法は資本コスト（WACC）を考慮した優れた評価方法だと言えます。

　しかし（今まで積極的に論じられてこなかったことですが）、正味現在価値法はプロジェクトの効率を評価できないという重大な限界も抱えています。例えば以下のような2つのプロジェクト（どちらも設備投資額が1000万円で同じ、正味現在価値も250万円で同じ）があった場合、両方ともWACCが達成できることはわかっても（正味現在価値がプラスということ）、どちらが優先実施されるべき有利なプロジェクトなのかまでは判断できません。

プロジェクトA		プロジェクトB	
プロジェクト期間	5年	プロジェクト期間	3年
キャッシュアウト	事業開始時点のみ	キャッシュアウト	事業開始時点のみ
キャッシュイン	5年間均等	キャッシュイン	3年間均等
会社のWACC	10％	会社のWACC	10％
設備投資額	1000万円	設備投資額	1000万円
正味現在価値	586万円	正味現在価値	586万円
内部収益率	？％	内部収益率	？％

（補足）正味現在価値法で判断できるのは目標のWACCが達成できるかどうかだけであり、プラスになった正味現在価値の大小にはあまり意味がありません。

▶▶本命は、内部収益率法（IRR法）

　プロジェクトの可能性を正しく評価できるのは内部収益率法（IRR法）です。内部収益率法では、プロジェクトが最大何%の資本コスト（WACC）を担うことができるのかを求めます。これを内部収益率と呼びます。先ほどのプロジェクトAの内部収益率を試行錯誤的に求めてみると31%だとわかります。

＜プロジェクトAの内部収益率の計算＞

想定するWACC	10%	20%	30%	40%
正味現在価値	586万円	252万円	19万円	▲148万円

※30%と40%の間で、正味現在価値の符号が逆転しているので、求める内部収益率は30%と40%のあることがわかる。さらに細かい刻みで同様の計算を行うと、プロジェクトAの内部収益率は31%だと判明。
※表計算ソフトのIRR関数を用いれば、内部収益率は簡単に求まります。

　同様にしてプロジェクトBの内部収益を求めると41%であることがわかりました。正味現在価値では同じ2つのプロジェクトですが、内部収益率で比較するとプロジェクトBが圧倒的に有利であることがわかります。

プロジェクトA		プロジェクトB	
プロジェクト期間	5年	プロジェクト期間	3年
キャッシュアウト	事業開始時点のみ	キャッシュアウト	事業開始時点のみ
キャッシュイン	5年間均等	キャッシュイン	3年間均等
会社のWACC	10%	会社のWACC	10%
設備投資額	1000万円	設備投資額	1000万円
正味現在価値	586万円	正味現在価値	586万円
内部収益率	31%（良い）	内部収益率	41%（非常に良い）

　プロジェクトAとプロジェクトBの比較では、プロジェクト期間以外の全ての条件を同じにしてありました。ですから、直感的にプロジェクトBの方が有利だと気づいた方もいたかもしれません。しかし現実には、これほど単純な比較になるケースはありません。きちんと内部収益率を計算した上で、慎重な比較をしましょう。

▶▶内部収益率法（IRR法）でなければならない決定的な理由

　もう1つ、正味現在価値法ではなく内部収益率法でなければならない最大の理由は、リスク管理の問題です。長期に及ぶ設備投資プロジェクトや研究開発プロジェクトにおいては、故意／過誤にかかわらず見通しが甘くなりがちです。ところがプロジェクトは往々にして計画通りにならないものであり、計画にどれくらい余裕があるのかを判断ができない正味現在価値法ではリスク管理ができません。内部収益率が10%ギリギリで計画されたプロジェクトのパフォー

マンスは、まず確実に10％を下回り、10％のWACCを担うことはできないでしょう。ましてや、経営環境の変化が極めて激しく明日何が起こるかすらわからない今日、脱炭素のような困難なプロジェクトを実行していく場合にはなおさらです。ですからプロジェクトには

必ず実行リスクを見込んでおかなければなりません

　仮に良いプロジェクト案が見当たらず、自己資本（例えば内部留保）を寝かせてしまいそうな状況なら（WACCが達成できそうにないなら）、配当をして株主に還元しなければなりません。それが本来あるべき配当ポリシーです。

＜目標とする内部収益率の決め方の一例＞	
会社が必達しなければならないWACC	10％
低リスクのプロジェクト（増産投資など）	20％以上を目標とする
高リスクのプロジェクト（研究開発など）	30％以上を目標とする

▶▶内部収益率法（IRR法）は経営意思の表明でもある

　今まで、多くの専門家の方々のコンテンツやサイトでさえ「自己資本＝タダ金」「内部収益率法は難しすぎて実用性が低い」といった表現で溢れていました。これらは総じて事業活動の実務への理解を欠いた「教養としての会計」の限界であり、かなり深刻な問題です。「プロジェクトのキャッシュフローの予想などどうせ当たらない」という見解も伺いますが、これは評論家的な予測ではなく、

「私は未来をこうやって作っていきます！」という経営意思

の表明であることを付記します。精神力だけで未来が拓けるとは思いませんが、強い意思と、それを支える正しい会計がなければサステナブルな明日がやってこないのも現実です。

21世紀を生き抜く会社作りのヒント

今まで　実務から遠い「教養の会計」は、内部収益率法を敬遠してきました
今後は　内部収益率法は、未来と資本コストに対する経営意思の表明です

ヒント 44

計画と実行管理を一致させ、PDCA をきちんと回す

従来、認可された計画について適切に PDCA が回されることはまれでした。しかし今後は、計画ツールと実行管理のツールの形を一致させ、適切な PDCA を回しましょう。プロジェクトの成功と失敗にきちんと向き合って行動を変えていかなければ、日本に未来はないからです。

▶▶適切な実行管理のために必要なこと

　資本主義社会では、資本コスト（WACC）を達成できなかった会社の株価は暴落し、敵対的買収の餌食になるというのが根本的な掟です。ESG 経営を持ち出す以前の問題として、会社の存続（サステナビリティ）を目指すなら、資本コストを本気で達成しなければなりません。そのポイントは内部収益率法を使いこなすことと、計画立案に使った計算シートと実行管理の P/L を

なるべく同じ形に揃えておくことです

それにより、プロジェクトに発生している問題を早期に把握して適切に手当てしたり、次のプロジェクトの立案に反映させることができるからです。

計画に使う内部収益率の計算シート

	開始時	1年後	2年後	3年後	4年後	5年後
売上高	0	+8000	+8000	+8000	+8000	+8000
材料費	0	−6800	−6800	−6800	−6800	−6800
化石燃料購入費	0	−400	−460	−530	−610	−700
変動労務費	0	−50	−50	−50	−50	−50
変動経費	0	−30	−30	−30	−30	−30
変動販売費	0	−120	−120	−120	−120	−120
在庫金利	0	−20	−20	−20	−20	−20
事業付加価値	0	580	520	450	370	280
ヒトの固定費	−88	−50	−50	−50	−50	−50
モノの固定費	−900	0	0	0	0	0
再エネの固定費	−12	−12	−12	−12	−12	−12
キャッシュフロー	−1000	518	458	388	308	218

➡️ 計算された内部収益率 31 ％

会社の WACC10 ％ ＋想定する実行リスク 10 ％＜31 ％（GO ！）

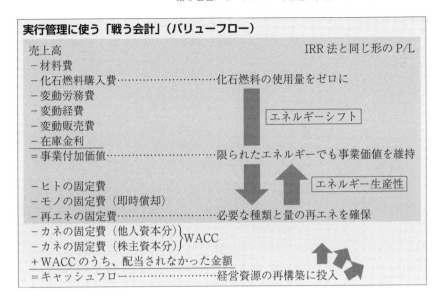

▶▶内部収益率の計算シートと、「戦う会計」の違い

　内部収益率の計算シート（キャッシュフロー）と、「戦う会計」（損益計算）は、かなり似ています。ただし、重要な例外が2つあります。

★例外1：カネの固定費に関わる部分

　計画立案に使ったシートは内部収益率を計算するためのものなので、いったんお金の固定費を考慮せずにキャッシュフローを計算した上で、IRR関数を適用して内部収益率を求めています。これに対して「戦う会計」では、お金の固定費の実績を差し引いた後のキャッシュフローを求めています。

★例外2：モノの固定費に関わる部分

　内部収益率の計算シートでは、固定資産の取得にかかわる現金支出（キャッシュアウト）を一気に計上します。これに対して、「戦う会計」はあくまでも損益計算なので、固定資産の減価償却費を計上しているという違いがあります。

　ただし従来の減価償却には論理的な破綻があるため、通常の減価償却ではなく即時償却を推奨します。即時償却を励行すれば、内部収益率の計算シート（キャッシュフロー）と、「戦う会計」（損益計算）の数値はかなり近くなり、便利だからです。

▶▶減価償却という常識が抱えていた深刻な問題

　減価償却とは、時間の経過に応じて固定資産等の取得原価をゆっくり費用化していく手法です。従来の会計の世界では極めて常識的な知識ですが、

損益とキャッシュフローが大きく乖離して

原価計算や損益計算を無意味にしてしまう重要な原因になってきました。

★使用期間の問題

　減価償却について従来の専門家は以下のような定型的な説明をします。「収益を獲得するため貢献した資産は、費用収益対応の原則により、取得原価を収益獲得のために利用した期間にわたって費用配分するのが企業会計上望ましい。そこで建物や機械設備などの有形固定資産については減価償却によって可能な限り合理的となるよう費用化をする、云々」

　しかし現実には「可能な限り合理的な費用化」というものは、

全くできていませんし、やろうもとしていません

　特に使用期間の見積もりは困難です。仮に20年使う予定で導入した生産装置も、事業環境の急変によって2年で不要になるかもしれません。結果的に30年間も使ってしまうかもしれません。合理的な使用期間の見積もりというものは机上の空論でしかないのです。それどころか、使用期間を操作することで毎年の償却額を増減させ、利益を操作する余地すら生まれてしまいます。こうした操作を防止するには、管理会計において即時償却（使用開始と当時に償却残高まで一気に償却してしまう）を励行する必要があります。

（※1）こうした利益操作は節税に寄与するものとして、むしろ積極的に宣伝されてきました。外部会計の視点に立てば節税アピールは重要ですが、内部会計の視点では、事業の真実を歪める費用の繰り延べとなり不適切です。

★簿価が実態を失うという問題

　ゆっくり減価償却すると資産の簿価と売却可能額が大きく乖離します。特に、生産装置の多くは特注仕様であり、使用開始と同時に転売価値を失ってスクラップ価格でしか処分できないケースが大半です。20年かけて償却する予定だった生産装置を2年で売却することになっても18年分の償却費に該当するお金は回収できません。資産価値が実態を失えば、純資産も実態を失います。B/SやP/Lを経済的実態に合わせるには、即時償却が合理的です。

★埋没原価の発生という問題

減価償却すると、一気に費用計上しなくてもすむので得をした感じになり、設備投資計画に対する判断を甘くしてしまいがちですが、その後何年間も費用が発生し続けることは企業経営上の重い負担です。端的に表現すれば、減価償却には使い過ぎたリボ払いのような危険性があります。

▶▶費用収益対応の原則の問題

費用収益対応の原則というのは、当期の発生費用額を当期の収益額に対応する部分と次期以降の収益額に対応する部分とに区分することを要請する原則です。減価償却が行われてきた背景にもこの原則がありました。これは、変動費（直接費・間接費）の場合であれば当然の原則ですが、減価償却費を含む固定費全般の配賦計算の場合には、変動費と固定費の複雑な混合を生じ、サステナブルな経営を阻害する様々な問題を引き起こします。

★引き起こされている問題…計算技術の視点

①そもそも固定費（≠間接費）には合理的な配賦基準が存在しません。
　（しばしば喧伝されるABCでは間接変動費と固定費を混同しています）
②固定費を無理に配賦すると、活動量の変化で結果が大きく変動します。
　（元々、固定費と活動量は無関係なので当然です）
③活動量が決まらないと配賦計算できず、リアルタイム管理ができません。
④変動費と固定費を混ぜると、原価の異常値が発見できなくなります。
⑤事業活動の高度化で売上原価になる固定費／ならない固定費が見わけられない場面が増えており、不適切な利益操作の原因になっています。

★引き起こされている問題…計算目的の視点

⑥固定費配賦された製品が赤字になっても、どうすることもできません。
⑦責任が配賦先に転嫁され、固定費発生元の生産性が問われません。

「P/Lは使い物にならない、だからキャッシュフローを重視する」という主張がありますが、使い物にならなかった原因のひとつは減価償却と固定費の配賦でした。古い会計の機能不全解消を目指す「戦う会計」（私はこれをバリューフローと呼んでいます）では、即時償却を原則とし固定費配賦をしません。

21世紀を生き抜く会社作りのヒント

今まで　費用収益対応の原則や減価償却が、机上の空論と化していました
今後は　古い知識のコピペを卒業し、会計のあるべき姿を考えましょう！

▶▶（補足）ROA に及ぼす減価償却の影響

　ROA や ROE は事業の業績を評価し、「会社の形」を会計的に把握するための重要な KPI ですが、両者とも重大な問題を抱えていました。

★ ROE の問題

　ROE は自己資本（株主資本）、ROA は自己資本と他人資本の両方に注目した業績評価指標ですが、所有と経営の分離を踏まえた WACC の視点に立てば（表面的な数値操作を回避するためにも）、他人資本と自己資本を一体的に考えるべきであり、ROA の方が業績を適切に示すと考えられます。

★ ROA の問題

　従来の ROA は、「株主利益÷資産全体」として計算されていましたが（右頁図中の ROA ①）、資産全体のパフォーマンスの評価であれば（ヒント 28 のような数値操作を回避するためにも）、分子は株主利益（付加価値の株主への分配額）ではなく、付加価値で評価（付加価値÷資産全体）する必要があります（ROA ②）。

$$\text{ROA ②}=\frac{\text{付加価値全体}}{\text{資産全体}} \qquad \text{ROE}=\frac{\text{株主利益}\,\cdots\text{操作可能なもの}}{\text{自己資本}\,\cdots\text{WACC と整合しない}}$$

★減価償却の影響の除去

　資産全体の金額は、減価償却によって次第に減少していくので、ROA ②を毎年、自動的に改善してしまう効果を生じます。この効果を除去するには、資産全体の金額を取得価額ベースで計算する方法があります（ROA ③）。

▶▶ROA の計算例（右図）

　ある事業において、売上高が毎年の値引きによって 5 ％ずつ減少、変動費が物価高騰によって毎年 1 ％ずつ増加し、事業の業績が年々悪化しています。ROA ①の計算の計算結果は、会社が定額法で減価償却を行っている場合は毎年減少ですが、会社が定率法で減価償却を行っている場合には毎年上昇となってしまい、減価償却の影響を強く受けて適切な評価を妨げていることがわかります。ROA ②は数値が安定していますが、これは事業の業績悪化と、減価償却による資産全体の金額の減少が拮抗していることによるものです。ROA ③は、減価償却の影響を受けずに正しく業績を示しており、事業活動に対するアラートとしては最も適切だということがわかります。

＜ROA の計算例＞

減価償却を定額法にて実施		減価償却を定率法にて実施	

会社の B/S と P/L （定額法）

	取得価額	1年目	2年目	3年目	
流動資産		150	143	135	
生産設備	200	140	80	20	
土地	100	100	100	100	
資産全体		390	323	255	A
		(450)	(443)	(435)	B
売上高	年5％減	450	428	406	
変動門	年1％増	300	303	306	
付加価値		150	125	100	C
固定労務費		30	30	30	
減価償却費		60	60	60	
WACC（銀行分）		3	3	3	
WACC（株主分）		3	3	3	
キャッシュフロー		54	29	4	D

※流動資産は、回転数3回で維持している

会社の B/S と P/L （定率法）

	取得価額	1年目	2年目	3年目	
流動資産		150	143	135	
生産設備	200	93	43	20	
土地	100	100	100	100	
資産全体		343	286	255	A
		(450)	(443)	(435)	B
売上高	年5％減	450	428	406	
変動門	年1％増	300	303	306	
付加価値		150	125	100	C
固定労務費		30	30	30	
減価償却費		107	50	23	
WACC（銀行分）		3	3	3	
WACC（株主分）		3	3	3	D
キャッシュフロー		7	39	41	

※流動資産は、回転数3回で維持している

ROA の変化（定額法）

	1年目	2年目	3年目
ROA①…(D÷A)	14.6%	9.8%	2.8%
ROA②…(C÷A)	38.5%	38.6%	39.2%
ROA③…(C÷B)	33.3%	28.1%	23.0%

※従来の一般的な ROA は、ROA ①

ROA の変化（定率法）

	1年目	2年目	3年目
ROA①…(D÷A)	2.9%	14.6%	17.2%
ROA②…(C÷A)	43.8%	43.6%	39.2%
ROA③…(C÷B)	33.3%	28.1%	23.0%

※従来の一般的な ROA は、ROA ①

生き残れますか？　会計って誰のため？　何のため？

何十年間も見直されることなく無批判に考えられ続けてきた会計や簿記の
教科書的知識や常識が、日本のサステナビリティ（経済や事業の存続）を
危うくしています。会計がそもそも何のため、誰のためのものであったの
かを問い直すべき時機がきていることを感じます。

▶▶損益分岐点よ、お前もか？

皆さんは損益分岐点（CVP 分析）をご存知でしょうか？　経営にとって

常識的で重要な概念だと言われています

　まずそれは、会社が最低限の経営目標を達成し得たのかどうか（黒字か／赤
字か）の判定に使われます。売上高から変動費を引いて求まる変動利益（付加
価値）が、固定費（ヒト・モノ・エネ・カネといった経営資源の維持費）をピ
ッタリ賄えている状態が損益分岐点であり、それ以下では赤字、それ以上では
黒字です。さらに損益分岐点は事業計画のシミュレーションにも使われていま
す。ここまでは極めて常識的な知識だろうと思いますが（！）、そこに資本コ
スト（WACC）の達成を危うくする 2 つの致命的な問題があったことはあまり
知られていませんでした。

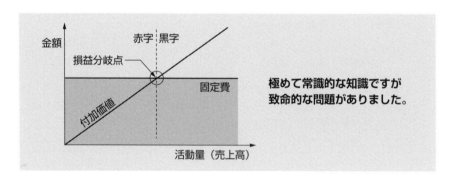

★損益分岐点分析を無意味にしている問題（その 1）
　損益分岐点は重要な概念ですが、財務会計の P/L（いわゆる全部原価計算に
よるもの）ではその実践は不可能です。なぜなら、売上原価や販管費、さらに
は営業外費用の全てが変動費と固定費の混合物になってしまっているからです。

そこで変動費だけで作るP/Lとして直接原価計算に期待が寄せられてきました。しかしそこにも重大な問題がありました。それは直接原価計算が「直接原価計算」という名前を背負うがゆえに（「変動原価計算」ではなく！）変動費と直接費の混乱を起こしているという問題です（ヒント12参照）。かくして、常識だったはずの損益分岐点分析は日本中で正しく実践されず、誤った経営判断の原因になってきました。本当に大事なことなら、どうして変動費と固定費の分離をもっと真剣にやらなかったのでしょう？　今、新しい会計が必要です。

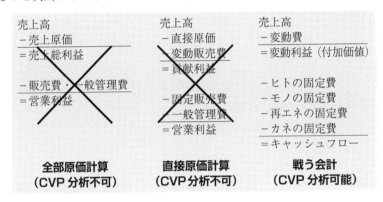

★損益分岐点分析を無意味にしている問題（その２）

　従来の損益分岐点におけるもう１つの深刻な問題は、変動利益が賄うべき固定費の範囲の誤りです。会社がカバーすべき代表的な固定費は、ヒトの固定費（固定労務費）、モノの固定費（減価償却費）、エネの固定費（再エネの維持費）、カネの固定費（資本コスト）などです。このうち資本コストには他人資本（銀行からの借入）のコストと、自己資本（株主からの出資）のコストの両方が含まれますが、従来の損益分岐点では銀行借入のコストだけが費用として認識され、株主出資分のコストは全く考慮されてきませんでした。常識だったはずの損益分岐点分析ですが、こんなところにも「自己資本＝タダ金」という誤解（ヒント41参照）が影を落としていたのです。

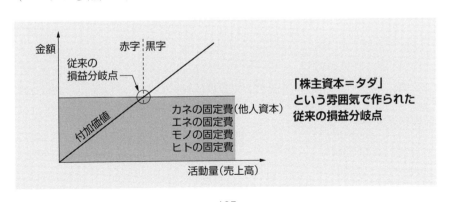

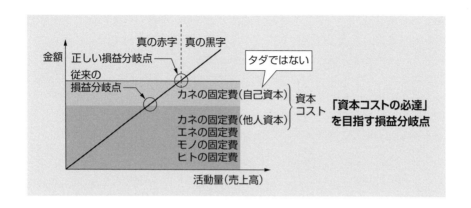

▶▶会計って何のため？　誰のため？

　「会計なんか要らない」「会計がなくても経営を成功させてきた」というコメントをいただいたことがあります。要らないという指摘は、古い財務会計のことだと思われますし、経営が成功したことを知ったのも、きっと何らかの会計だったはずでしょう。本書の「戦う会計」は後者です。経営がうまくいったのか？　うまくいかなかったのか？　うまくいったとしても常に100％パーフェクトなんていうことはあり得ないでしょうから、さらに手当てするところはなかったのか、などを知る手段のことを私は「会計」と呼んでいます。

　ところが、従来の専門家の方々が考える会計は、ちょっと様子が違っていたようです。多くの会計専門家にとっての会計とは「既存の知識・常識」に基づくものであって、その延長線上に簿記会計・財務会計・管理会計（今までの！）もありました。そうした伝統的な会計の必要性を否定はしませんし、財務会計に則った開示も大切なのはもちろんですが、それだけでは経営がうまくいったかどうかは絶対にわかりません。なぜなら、伝統的な会計は、そういう目的で設計されたものではないからです。だからこそ、「21世紀の経営環境」に合った新しい会計（例えば「戦う会計」）を工夫する必要性が生じてきます。

　もし「会計」ということばを使って誤解を招くなら、「経営がうまくいったのか、いかなかったのか、どううまくいったのか、どううまくいかなかったのか、次は何をすべきかを知る手段」が必要だということです。そうでなければ、厳しさを増す一方の時代を日本は生き抜けませんし、サステナブルな経営など絶対に実現できません。

▶▶サステナブルな経営を実現するためにどうしても必要なこと

経営実務のツールとして見た場合の古い会計の問題点が、会計・財務・経営の世界で積極的に指摘されてこなかったのは驚くべきことだと思います。会計とは何のためのものだったのでしょうか？

会計が死んでいた ➡ だから経済も死んでいた

有効な会計を欠いた日本経済は、全てを 20 世紀的な勘と気合で意思決定してきたことになります。でも、膨大な手付かずの問題は手付かずの宝の山でもあります。

会計を再生すれば、きっと事業も再生します！

今、日本も世界も極めて厳しい時代に突入しつつあります。

安価な資源が、二度と手に入らない

そんな時代を生き抜くための新しい発想が必要です。2050 年に向かって、古い専門分野の枠組みに囚われない新しいタイプの人材が必要になっていることを強く感じます。

＜サステナブルな経営の実践＞

WACC の設定と周知		株式会社の根本
↓		
事業計画	設備投資やプロジェクトの計画	by 内部収益率
↓		
予算	付加価値や CO_2 の計画、経営資源の計画	by「戦う会計」
↓		
実行管理	日々の Fact 管理（売上〜コスト〜付加価値）	
↓		
決算	活動結果の集計、経営資源の生産性の評価	by「戦う会計」

---

21 世紀を生き抜く会社作りのヒント

今まで	既存の専門分野の枠組が、多くの問題の解決を妨げていました
今後は	枠組みを超えた横断的発想ができる人材が必要になっています

今までの経営革新には会計の革新がなかった！

　会計士、コンサル、CFO、CEO、MBA……　日本にはたくさんの専門家の方々がいて経営革新に取り組んでいます。しかし、「経営ツール」という視点で見た場合の日本の会計は深刻な機能不全に陥っていて、全く使い物にならない状況でした。道具を見れば、その使い手の腕前は概ねわかるものです。ズタボロな会計をほったらかしにして、いかなる経営革新も達成できるはずはなく、経営課題の発掘ができない、経営革新によって達成されたこと／されなかったことの把握もきちんとできていなかったのです。

　本当に本気で経営革新しようと思うなら
　本当に本気で地球環境の保全を目指すなら
　本当に本気で円安や価格高騰と戦うなら
　本当に本気で経済の回復を目指すなら
　本当に本気で持続可能な経営（21 世紀を生き抜く経営）を目指すなら

その実行ツールである会計の形は必ず変わってくるはずです。もちろん、会計だけで社会や会社の全ての問題が解決できるわけではありませんが、古い会計（財務会計・管理会計・簿記会計・環境会計）の欠陥への手当なしに、如何なる経営問題も解決できないということだけは断言できます。行動を始めましょう、1 日も早く！

そうだったのか！

ガリレオ・ガリレイ

明日を予測して備える！
それが経営というものでしょ？

　厳しい経営環境の中、SDGsへの賛否は様々ですが、いつか必ず枯渇する化石燃料に依存し切った社会がサステナブルであるはずはありません。言い換えれば、化石燃料への依存を断つことで、SDGsの17の目標は自ずと達成されてしまいます。ただしそれは、化石燃料を再エネに置き換えればすむといった単純な話でありません。再エネの3つの制約（①生成が不安定、②資源量に限りがある、③大規模に蓄積できない）が、私たちが慣れ親しんだ

経済社会の姿を根本から変えてしまう

ことは確実だからです。その変化を予測し備えることが、サステナブルな経営が目指すべき目標です。そして案外、

このゴールに世界で最も近いのは日本列島

なのではないかとも思います。長く険しい道程ですが、発想を新たにし、人を大切にし、助け合い、本当に本気で頑張れば、誰もが安心して暮らせる社会を作れるはずだと私は信じています。

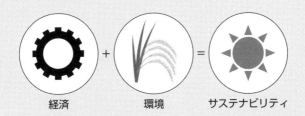

経済 ＋ 環境 ＝ サステナビリティ

ヒント 46

34 人の経営者による 2050 年の予測、ならばどうする？

先般、34 人の社長様に 2050 年の社会を予想してもらいましたが、厳しい結果でした。現状の事業の延長にサステナビリティ（生き残り）はないのです。ではどうすればよいか？　大きな危機は、失われた 30 年を脱して前に進むための大きなチャンスであるとも感じます。

▶▶34 人の経営者による 2050 年の予測

　経営とは、「明日を予測して備える」という営みです。そこで、2022 年の夏に脱炭素経営セミナーを実施した際に、ご参加くださった社長様に「2050 年をどう予測しますか？」という事前課題を出してみました。いわゆる大企業やアナリストの方々の見解ではないので、社会の一般的な感覚に近い結果になったのではないかと思います。

▶▶日本と世界の人口はどうなるか？

　現在80億人に近い世界人口は、遠からず100億を超えるとも言われています。インターネットの普及を契機とする旧発展途上国の生活水準の向上と合わせて、世界規模での資源争奪がさらに激化していくことは確実です。

　一方、日本の人口は、鎖国時代（化石燃料がなかった時代）には 3 千万人強だったと言われています。開国（化石燃料の使用開始）と共に一直線に増加して 1 億 2 千万人を超えましたが、その後、減少に転じています。これからどこまで少子化が進むかは、化石燃料の枯渇という状況の中で、日本列島がどれくらいの生産性／生産力を確保できるかで決まってくるでしょう。

▶▶燃料、プラスチック、食糧の入手難はどうなるか？

　化石燃料（ウランも含む）が枯渇に向かっています。まだ軽く語られている脱炭素ですが、化石燃料の枯渇はプラスチックの枯渇であり、食糧の枯渇でもあります。2022 年時点での日本の食糧自給率は 37 ％、エネルギー自給率は 11 ％に過ぎません。この現実をもっと重く受け止め行動する必要があります。

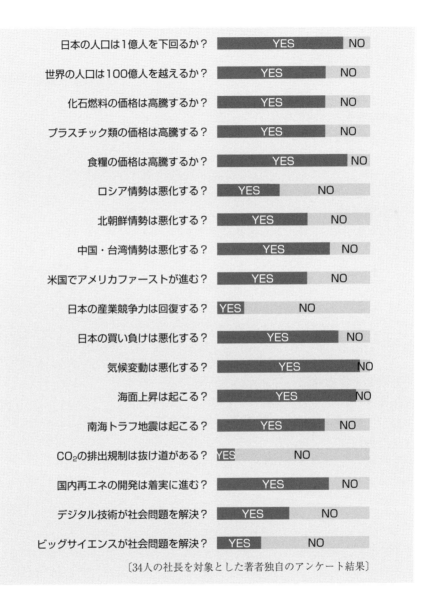

日本の人口は1億人を下回るか？	YES	NO
世界の人口は100億人を越えるか？	YES	NO
化石燃料の価格は高騰するか？	YES	NO
プラスチック類の価格は高騰する？	YES	NO
食糧の価格は高騰するか？	YES	NO
ロシア情勢は悪化する？	YES	NO
北朝鮮情勢は悪化する？	YES	NO
中国・台湾情勢は悪化する？	YES	NO
米国でアメリカファーストが進む？	YES	NO
日本の産業競争力は回復する？	YES	NO
日本の買い負けは悪化する？	YES	NO
気候変動は悪化する？	YES	NO
海面上昇は起こる？	YES	NO
南海トラフ地震は起こる？	YES	NO
CO_2の排出規制は抜け道がある？	YES	NO
国内再エネの開発は着実に進む？	YES	NO
デジタル技術が社会問題を解決？	YES	NO
ビッグサイエンスが社会問題を解決？	YES	NO

〔34人の社長を対象とした著者独自のアンケート結果〕

▶▶国際情勢はさらに悪化するのか？

　資源枯渇で資源国の横暴は強まります。世界各国が自国中心主義的に陥っていくことは必至でしょう。日本も自立して生きることへの覚悟が必要です。

▶▶日本の競争力

　「日本の競争力が回復しない」という答えが多かった現実は衝撃的です。従来の日本のビジネスモデルは、安価な資源を大量に輸入し、それを手際よく加工して輸出するというものでした。資源が枯渇しつつある今、古いビジネスモデルでは日本を支えられなくなっています。今、パラダイムシフトやイノベーションが必要です。未来への希望を回復するためには古い常識にとらわれず、厳しい現実にしっかり向き合った会計的な議論を始めなければなりません。

▶▶気候変動

　私は気象予報士であり気候変動問題についてとても心配していますが、CO_2問題について「地球環境のため」という説明は不適切だったと感じます。「経営も厳しいのに、そんなことに構っていられない」という反応に陥りがちだからです。むしろ「資源の枯渇」という側面こそ強調されるべきではないでしょうか。とはいえ、気候変動も深刻な問題になってきました。ビジネスに及ぼす影響を評価し備えることは、経営として当然の所作であり、「気候変動リスクを開示しろ」と専門家に言われて渋々やるようなことではありません。

▶▶海面上昇と津波

　産業革命以来の気温上昇は1℃を超えたと言われます。たかが1℃（？）の気温上昇ですが、これだけでも極地の氷床融解による10mの海面上昇につながるリスクがあります。また、南海トラフ等の地震で大きな津波が来ることを予測する方が多いですが、日本の経営は立ちすくみ具体的な対策は進んでいません。

▶▶再エネと CO_2 の規制

　理由はともかく、CO_2 の規制（脱炭素）は不可避だとの認識が広がっています。この脱炭素は、単に化石燃料を再エネに切り替えるといった単純なプロセスではありません。再エネには３つの重大な制約があるからです（資源量の制約、出力不安定、大規模な蓄積が困難）。特に資源量の制約は深刻です。そのため多くの会社（特に製造業）は、再エネ資源を確保するための立地変更すら迫られる可能性があります。どうせ立地を見直すなら、気象災害や海面上昇、場合によっては従業員の食糧確保なども考慮しておくべきです。さらには脱炭素社会における人口分布の変化や、会社のビジネスモデルそのものの変更の要否も検討される必要があります。

▶▶デジタル技術とビッグサイエンス

　アンケートの結果は、デジタル技術への期待がそこそこ、ビッグサイエンスへの期待はかなり低いものでした。化石燃料の枯渇が 2060 年（実際の影響はもっと早い段階から現れる）と考えると、あまり時間は残されていません。「きっと科学技術が……」といった具合に未知の何かに漠然と期待するのは危険です。これから直面する 2050 年の問題は命にかかわることであり、今ある技術、今ある資源で、確実な解決を目指さなければならないものです。

▶▶ならばどうする、2050 年？　立ちすくんでいたら状況は悪化する

　2050 年のサステナブル経営の根幹は脱炭素（化石燃料を使用しない）です。それは、立地変更やビジネスモデルそのものの見直しすら必要になる壮大なプロジェクトです。とはいえ、千里の道も最初は小さな一歩から。まずは身の回りの省エネやリサイクルに着手し、自社のビジネスや資源消費の現状をしっかり把握してください（STEP1）。資源消費の把握は、「戦う会計」の形に沿って行うと、後でシミュレーションがしやすいです。

　現状が把握できたら、2050 年を予想して様々なシミュレーションをしてみましょう。苦しい時には同業他社だって苦しいはず。どんな立地なら、どんなビジネスなら、事業が存続できるのかを考え、計画を立てます。計画を立てる際には、内部収益率法の計算シートを使うと便利です（STEP2）。この過程で風通しの良い社風を作り上げ、大きなイノベーション（STEP3）に繋げていきましょう。

　立てた計画の実現は、現状の経営資源だけでは困難かもしれません。どうしてもイノベーションが必要です。技術革新に限らず、新しい業務の方法や人と人の繋がりもイノベーションです。それは特別なことではなく、どこにでもその芽はあります。とはいえイノベーションは、ノルマや強制に馴染むものではありません。意欲ある人材の自発的な活動としてしかイノベーションは現れない。「戦う会計」で正しく生産性を評価し、良い人材を育てていきましょう。

21 世紀を生き抜く会社作りのヒント

今まで　大きな困難に直面し、立ちすくんでいる会社がたくさんありました
今後は　「戦う会計」で正しく備えれば、リスクはチャンスに変わります！

ヒント47

会計と DX！　これがサステナブルな経営の成否を決める

昨今流行の DX（経営革新）ですが、小さな業務改善で終わってしまいがちとも言われてきました。2050 年の脱炭素という困難な目標を突き付けられている今、DX もまた真のサステナビリティ（生きるか死ぬか）達成のための経営革新であるべきです。

▶▶会社の DX、うまくいっていますか？

昨今 DX が話題です。DX（デジタル・トランスフォーメーション）とは、

「会社の成長や競争力を高めるために、デジタル技術を使って業務や組織、プロセス、企業文化・風土を変革していくこと」

だと言われます。そして DX が DX たるゆえんは（単なるデジタル化との違いは）、それが経営革新だという点です。ところが多くの会社で実践されている DX は、デジタル技術を用いた小さな業務改善に留まってしまいがちだと言われています。残念ながらこれでは本当の DX（経営革新）にはなりません。ではどうすれば本当の DX 経営革新が成功し、サステナブルな経営に繋がるのかを考えてみましょう。

▶▶DX も経営のサステナビリティにつながっている

多くの国内企業から DX の成果が華々しく発表されています。

✔ 会議をオンラインで行えるようにした
✔ お客さまの声を AI で分析可能にした
✔ デジタル端末で注文時の混雑を緩和した
✔ 紙の印刷物をなくして PDF 化した、等々

これは経営革新？

　しかしながら、これらは現状業務をそのまま IT に置き換えただけの表面的なデジタル化であって、真の DX（経営革新）ではありません。DX もサステナブルな経営も、しばしば表面的な業務改善に留まってしまうケースが多かったのは、革新が痛みを伴うからでしょう。

「革新はできないけれど、体裁だけは整えたい！」

でも、この中途半端な業務改善の実施が、経営の危機感を薄め（やってるつもり！）、真の経営変革に向かう意思決定を先送りする口実になるなら危険です。例えば、「どうすれば DX は成功するか？」という問題設定は、DX が経営課題解決の手段ではなく、それ自体が目的化して体裁を整えるためのものになってしまっていることを示すものです。では DX を「本当の DX（経営革新）」にしていくためには何が必要なのでしょうか？　ポイントは 2 つあります。

★ポイント 1…DX で達成すべき目標を「サステナビリティ」とする
　DX は変革です。では何を目指して変革するのかといえば、

サステナビリティ（21 世紀を生き抜く）に向かって変革すべき

ことは言うまでもありません。それ以上に重要な目標があるはずはないからです！　DX（変革の手段）とサステナビリティ（変革の目標）がバラバラに語られている状況では、関係者が本気になったとは言えないでしょう。

★ポイント 2…変革の達成状況を、お金の流れの変化で検証する
　DX は変革です。真に変革が達成されたかどうかは、お金の流れの変化で検証できます。なぜなら、

経営革新は、お金の流れの革新であるべきだからです

　考えてみて下さい、お金の流れが変わらない活動が経営革新であるはずはありません。ですから、お金の流れがどのくらい変えられたのかを見れば、本当の経営革新が成功したのかどうかもわかるのです。

▶▶本当の DX を支える第一の目標…変動費の抽出とリアルタイム管理
　「DX でお金の流れを変える」と言っても、具体的には何を変えればよいのでしょうか？　第一の目標は、「戦う会計」で、売上高〜変動費〜付加価値までのお金の流れをアジャイルかつリアルタイムに管理できるようにすることです。ここで言う「リアルタイム」とは、遅くても日次です。例えば、

✔ 販売単価や販売数量が事業計画から乖離した
✔ 原材料・購入燃料の購入単価や消費量が管理目標から乖離した
✔ 5 つの在庫の在庫量が管理目標から乖離した

これらの事象（そしてこれからは CO_2 の発生量も！）は日次で把握しなければなりません。なぜなら関係者の記憶が薄れて異常値の原因解析が困難になって

しまうからです。エネルギーのロスは垂れ流しになり有効な対策が打てません。日次の管理を成功させるポイントは、発生タイミングも管理責任の所在が異なる変動費と固定費をしっかり分離しておくことです。

▶▶本当の DX を支える第二の目標…脱・年次予算

　お金の流れを根本的に変えるための第二の目標は、固定費管理のサイクルを年次から月次に変更することです（脱・年次予算）。一般に、多くの会社で固定費の管理は鈍重な年次予算／年次決算で行われてきました。手間暇かけて予算を作成・承認した挙句、執行直後に重大な事象が発生した場合（例えば、新型コロナによる最初の非常事態宣言など）、その影響を踏まえた決算数値が固まるのは翌年度、その数値を踏まえた新しい予算が編成され執行されるのは更にその翌年度になります。応答期間は丸２年！　これではサステナブルな経営など絶対に不可能です。また、この不透明な時代、１年先を見越した年次予算の目標は保守的で安易なものになりがちです。その安易な目標を期中に達成してしまえば、

年度末までの活動は緊張感を欠いたものになるでしょう

期中に新しい経営資源（人材や固定資産）が必要になっても、予算枠がないという理由で取得が認められなかったり、逆に予算が余ってムダ使いが奨励されるといった弊害が生じることもあります。そこで、予算プロセスを大幅に簡素化し月次化を目指しましょう。

▶▶レガシーシステムの更新こそがチャンス！

　売上高や変動費は、外部環境とのインターフェースであることから、差異のアジャイルな管理（日次管理）が必要です。他方、パフォーマンスの良否に合わせたフレキシブルな対応（取得する／処分する／支援する）が必要な固定費は、脱年次予算が必要です。それが、サステナブルな経営を実現するための大前提です。しかしながら、そんな「戦う会計」の導入を妨げてきた最大の障害は、実は古い基幹システム（レガシーシステム）だったのでした。

「そんなこと言っても、うちの基幹システムじゃ何も変えらません！」

　会社経営の形を決めてきたのは、経営者の意思でも古い専門家の指導でもなく、古びた基幹システムでした（！）　しかし平和な時代は過去となり、技術の劣化、円安、資源価格の高騰、気候変動への対応などサステナビリティ実現への難問は山積です。そんな今こそ、会計進化の時です！　DX の発端は 2025 年の崖に向かって基幹システムの更新期限が迫っていることでした。この更新

にどう取り組むかが、進化を遂げて生き残る者と、進化を拒否して滅びる者の運命をわけるでしょう。

進化を拒む者は滅びる

Dinosaur's way ← → Mammal's way

▶▶活動ベクトルを統合し、本当に必要な目標に集中する

　昨今、やらなければならないことが増えました。SDGs、CO_2 削減、ダイバーシティ、ワークライフバランス、SCM、ISO、ERM、BCP…… そのうえ、DX や「戦う会計」など、もうたくさん！ という意見もあるかもしれません。しかし、本来これらの活動は、全て

サステナビリティ（21 世紀を生き抜く）というたった 1 つのゴール

に向かって集約されるべきものです。「あれも、これも」と感じるのは、

時代に流され、主体的な経営ができていない証拠です

　時代に流された活動、バラバラな活動、見かけだけの活動は、本質的に無駄な活動であり、サステナビリティに反する活動です（生き残れない！）。改めて言うまでもないことですが、もし DX が事業の存続に真に寄与しないと思うなら、「実施しない」という判断もありです。

最終的に決めるのは経営の意思です

21 世紀を生き抜く会社作りのヒント

今まで　流行を追って取り組まれる DX は、見せかけだけの活動になりがち
今後は　厳しい時代を生き抜く経営革新を、本当の DX で達成しましょう！

本当の目標管理を！　今までは会社ですらなかった

会社が会社である以上、正しい目標管理が必要です。国内で着席時間の監視や長時間残業への誘導があったのは正しい目標管理ができていなかったからです。「戦う会計」で生産性などの数値目標を決め、私たちの「勤勉さ」という強みを正しい努力へ向けましょう。

▶▶上司や同僚の目標を知らない？

「目標共有って大事ですよね」
と申し上げて「NO」という人はいません。でも現実はどうでしょう？　直接人事考課をする部下ならばとにかく、上司、同僚、自部門、他部門の目標を知っている人／知らされている人は稀ではないかと思います。周囲の方が背負っている目標がわからなければチームになりません。助け合うことができません。支援も相談もできません。自分自身の目標管理も甘くなります。目標が共有されない組織は活動ベクトルがバラバラな烏合の衆です。

それはもはや「会社」ですらありません

▶▶チームで戦う！

自部門の目標、自分自身の目標を相互に開示するのは案外と勇気がいることかもしれません。でも、しっかり開示しておけば、それを達成した時にいいかげんな会計で揉み消されるなんてこともなくなります。目標が開示さ共有された組織は、風通しの良い組織であり、助け合える組織です。公平な評価が促される組織です。もし本気でサステナブルな経営を目指すなら、チーム・コミュニケーションツールを活用し、目標共有できる仕組みを作りましょう。

▶▶やるべきこと…目標を相互に共有する

GAFAのように壮大なものではなくとも、今でも何らかの目標管理は行われているはずです。個人の目標を開示し、相互に共有できる仕組みを作ればチームの行動ベクトルが揃います。個人目標の内容そのものも洗練されていくでしょう。例えばテレワークのパフォーマンスが悪い時、必要なのは着席時間の監視ではなく、やるべきことを明確にすることです。

会社は、チームになっていますか？

▶▶会社のミッションを明確にする

　1人ひとりがやるべきことを明確にするには、会社がやるべきことが明確になっていなければなりません。人生の目標が単なる「長生き」ではないように（悲惨な人生では困ります！）、会社の経営目標も単に「儲けること」ではありません。会社は、何らかのミッションを果たすことで社会に貢献し、お客様の役に立ちます（売上）。それを合理的なコストで実現することで付加価値が稼ぎ出されます（売上－コスト＝付加価値）。稼ぎ出された付加価値は様々な経

営資源（ヒト・モノ・再エネ・カネ）に投じられて、さらに大きな付加価値を稼ぎ出していくというのが会社のミッションなのです。そして今、

製造業に期待されるミッションが大きく変わろうとしています

資源の枯渇という危機の中で、社会の機能を維持していくために必要なものがどんどん変わっていくからです。

　かつて輝いていた日本の製造業は、いつしか古い成功体験に縛られ、多くの見せかけだけの活動に埋没し、人を粗末にし、不正（品質、生産性、在庫）に手を染める魅力のない仕事になりました。しかし今、未曾有の危機を目前にして、新しい発想でサステナブルな社会の建設に貢献する製造業が必要になっています。そこには必ず有意の人材も集います。

Q. 会社のミッションが明確になっていますか？
Q. 1人ひとりの目標が明確になっていますか？
Q. 1人ひとりの目標が相互に見えていますか？
Q. 1人ひとりの努力を測定する方法が明確になっていますか？
Q. 1人ひとりに、活躍のチャンスが与えられていますか？
Q. 1人ひとりの成果は、公正に評価されていますか？
Q. 成果が出ない時、支援する仕組みはありますか？

▶▶強い会社を作ること＝人を育てること
　昨今の厳しい経営環境の中、人がコスト呼ばわりされる場面が増えました。人は使い捨てにされ、多くの方が未来への希望を失っています。少子化も止まりません。でも改めて考えてみて下さい、人がコスト呼ばわりされている限り、新しい発想やイノベーションは生まれてきません。日本は復活せず、業績は回復しません。

人はコストではなく資源です！

　人を育てて強い会社を作りましょう。その強さが付加価値を稼ぎ出し、さらに人が育つという好循環を作ること、未来のリスクやニーズを予測し適切に備えること、それが、経営が本来やるべきことです。そんな経営の原点への回帰がサステナブルな経営の1つの目標です。「戦う会計」がそれを支えます。

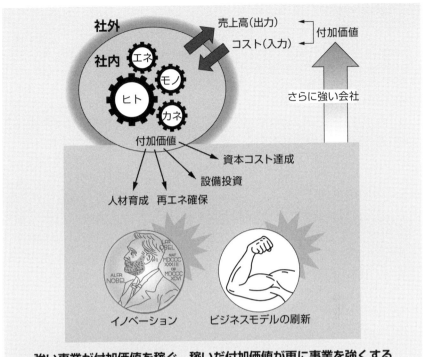

強い事業が付加価値を稼ぐ、稼いだ付加価値が更に事業を強くする

21 世紀を生き抜く会社作りのヒント！

今まで 目標が共有されず、会社がチームにすらなっていませんでした
今後は 人は資源です。人を育てて強いチームを作るのが経営の使命です

サステナブルな経営のKPI、2050年に会社が変わる！

KPI（重要業績評価指標）は、会社の目標を定めたり、目標の達成状況を評価する場面で使われます。勤勉な国民性にもかかわらず昨今の日本の経営に元気がないのは、従来のKPIが不適切だったから。サステナブルな社会と経営の実現には、時代に合った新しいKPIが必要です。

▶▶KPIが変わる

サステナブルな経営において①事業付加価値の成長と②生産性向上は不可欠な両輪です。従来、日本の経済において付加価値（GDP）が低迷し、生産性が先進国最下位になってしまったのは、会社経営のKPIが不適切だったからでした。21世紀を生き抜くには（サステナブルな経営には）新しいKPIが必要です。

▶▶成長性の指標…「事業付加価値」

売上－全ての変動費＝事業付加価値

以前から付加価値という概念は存在しましたが、P/Lの不備により読み取ることは困難で、事業経営において積極的に管理されてきませんでした。会社の所有と経営の分離という現実を考えれば、株主資本と他人資本は接近しており、株主に分配される利益だけではなく、事業が稼ぎ出す付加価値全体を経営目標としなければなりません。脱炭素後に維持されるべき経済活動も付加価値で測定されるはずです。「戦う会計」で付加価値を可視化し、21世紀の管理目標としましょう。

▶▶成長性の指標（NEW）…「エネルギー生産性」

$$\frac{事業付加価値}{エネルギー使用量}＝エネルギー生産性$$

資源（特にエネルギー資源）が有限だという現実を直視するなら、事業や経済の成長は、資源消費の量的拡大ではなく、利用効率の改善によって成し遂げられなければなりません。その時、エネルギー生産性が最重要のKPIとなり、真剣に生産性が問われる時代がやってきます（エネルギー資本主義）。

▶▶成長性の指標（NEW）…「化石燃料依存率」

$$\frac{化石燃料使用量}{全エネルギー使用量}=化石燃料依存率$$

　資源の枯渇に備えるという意味でも、CO_2 削減という意味でも、化石燃料から再生可能エネルギー（再エネ）への転換を進めることは必須です。その達成状況は、この化石燃料依存率によって知ることができます。

▶▶成長性の指標（NEW）…「ROA 改」

$$\frac{事業付加価値}{総資産}=ROA 改$$

　従来の ROA は「当期純利益÷総資産」として計算されていましたが、分子となる利益（株主利益）は、労務費削減や設備投資の抑制などの調整（Adjustment）で操作可能なものであり、必ずしも会社の真の実力を示しませんでした。一方、付加価値であれば外部取引に基づく売上高（Fact）と変動費（Fact）の差額で計算される Fact であり、会社の真の実力を示すことができます。

▶▶脱炭素の指標…「化石燃料使用量」

$$\frac{事業付加価値}{エネルギー生産性}\times エネルギー依存率=化石燃料使用量$$

　脱炭素を推進する際の活動の軸は、化石燃料使用量の削減です。化石燃料使用量は、事業付加価値をエネルギー生産性（消費部門の担う指標）で除し、化石燃料依存率（調達部門の担う指標）を乗じて求めることができます。

▶▶脱炭素の指標…「CO_2 排出量（および基準年に対する排出削減量）」

$$化石燃料使用量\times 排出係数=CO_2 排出量$$

　この指標が、2030 年 46 ％、2050 年 100 ％の CO_2 削減を目指す時の、主戦場です。

▶▶経営効率の指標（NEW）…「ヒトの生産性（非定型業務）」

$$\frac{事業付加価値}{固定労務費}=ヒトの生産性$$

　長年、「生産性を向上しろ！」と言われ続けてきましたが、その定義は曖昧でした。正しい生産性とは、付加価値を稼ぐ活動の効率を意味するものです。ですから真の生産性向上には付加価値を知らなければなりません。付加価値を固定労務費で除すことで、非定型業務の方々の生産性も求まります。数値評価を嫌う向きもありますが、好き嫌いや贔屓で評価されるよりよいのでは？　数値で評価される厳しさより、頑張っても評価されない惨めさの方が人をダメにします。

▶▶経営効率の指標（NEW）…「ヒトの生産性（定型業務）」

$$\frac{事業付加価値}{勤務時間－非定型業時間}=ヒトの生産性$$

　従来の製造業では、標準作業時間を基準にした生産性評価が行われてきましたが、不適切な数値操作の温床でした。今後とも時間管理を重視するのであれば、定型作業の生産性は、付加価値を定型作業の作業時間で除すことで評価できます。ただし定型作業時間を直接測定しようとすると、過少申告や手待ちの放置といった問題に繋がりがちです。そこで、勤務時間全体から有効な非定型業務を控除するという形で定型作業時間を測定すれば、これらの問題を回避し、有効な非定型業務へと動機づけることができます（ヒント30参照）。

▶▶経営効率の指標…「在庫回転率」

$$\frac{売上高(*)}{原材料在庫}=原材料回転率 \qquad \frac{売上高(*)}{製品在庫}=製品在庫回転率$$

　必要な時に、必要な量の、必要な材料を、自由に入手できた幸せな時代は終わりました。在庫金利の負担より、原材料価格の高騰や、欠品や、納期遅れの影響の方が深刻なケースが増えています。原材料の確保は、供給の安定性や相場を考えながら慎重・大胆・柔軟に行わなければなりません。その意味で、大雑把でメリハリが無かった従来の在庫回転率管理を見直し、原材料在庫の管理とそれ以外の在庫の管理を切り離す必要があります。

▶▶経営効率の指標（NEW）…「不正直指数」

$$\frac{年平均在庫－棚卸日在庫}{年平均在庫}=不正直指数$$

　資金効率改善のための在庫削減だと言いながら、現実にはなかなか在庫を削減できないという矛盾の中で、見かけだけ・棚卸日だけ在庫を削減するという事例が多くありました。それでは資金効率の改善にならないだけでなく、無理なオペレーション（投げ売り、弾切れ、無理な生産）に繋がります。最も深刻な影響は「納得できていないことをやる」「見かけだけやる」という態度を関係者が身に着け、数値操作に慣れてしまうことでしょう。結果として、その慣れがさらに深刻な会計不正の下地になっていきます。こうした悪弊が根付いていないことを確認するための新しい内部管理指標が、不正直指数です。

▶▶財務安全性の指標…「株主資本等比率（旧・自己資本比率）」

$$\frac{株主基本等}{他人資本＋株主資本等}=株主資本等比率$$

　いわゆる自己資本比率ですが、「自己資本」という名称ゆえに会社のタダ金と認識される場面が多かったため、「株主資本等」に名称変更しています。比率が無限に高ければよいわけではなく、財務レバレッジへの考慮も必要です。

▶▶財務安全性の指標…「流動比率」

$$\frac{流動資産}{流動負債}=流動比率$$

　新しいKPIではありませんが、従来の目標値（200％がよいと言われることもある）は株主軽視で高過ぎました。目標値の見直しが必要です。

（＊）在庫回転率の分子は売上原価とする場合が多かったのですが、何が「売上原価」に該当するのか（変動費と固定費の区分や販売費の扱いなど）の整理が必要になります。

21世紀を生き抜く会社作りのヒント

今まで　量的成長の時代に作られたKPIと現実が大きく乖離していました
今後は　新しい時代を生き抜くには、時代に合った新しいKPIが必要です

2050 年の着地点をイメージし、事業の形を変えていく

結局のところ、脱炭素こそが資源価格高騰への最善の備えです。脱炭素は決して CSR 的な片手間仕事ではなく、会社／事業の生き残りをかけた真剣勝負です。同時にそれは、存在意義を見失いかけていた日本の製造業が担うべき新たなチャレンジでもあるはずです。

▶▶化石燃料の入手についての見通しを立てる

　脱炭素を「地球に優しい」と考えるか、「資源枯渇への備え」と考えるかで、経営が採るべき道は大きく異なってきます。そこで経営は、まず化石燃料の入手の見通しについて予想を立てなければなりません。

40 年で枯渇する／80 年で枯渇する／無限に枯渇しない／その他

資源が枯渇する（少なくとも価格が大幅に高騰する）リスクを認識するなら、現状のビジネスモデルについて抜本的な見直しが必要になります。

地球に優しい	現状の事業活動をそのまま温存した上で、水素や原子力、CO_2 吸収、CO_2 クレジットを活用して、表面的に脱炭素する
資源が枯渇する	現状のビジネスモデルの抜本的変更を検討する まずロードマップを作る（ホップ➡ステップ➡ジャンプ）

　　　　　　　　　　　　　＜作れますか？＞
　　　　　　　　　　　　　✓ CO_2 を出さない車
　　　　　　　　　　　　　✓エネルギーをムダにしない車
　　　　　　　　　　　　　✓プラスチックを使わない車
　　　　　　　　　　　　　✓ 50 年乗れる車
　　　　　　　　　　　　　✓リサイクルができる車
　　　　　　　　　　　　　✓過剰なモデルチェンジをしない車
　　　　　　　　　　　　　✓自分で直せる車

　　　石油・石炭・ガス・ウラン、プラスチック、食糧が枯渇します！

　　　　　日本の製造業は、2050 年をどのように予測し、
　　　日本の人口や子供たちの暮らしをどのように支えていくのか？

▶▶再エネの入手についての見通しを立てる

2050年の脱炭素実現に向かって再エネを確保しなければなりません。しかし再エネの利用には手間がかかる上に、資源量は限られ、地理的にも偏在しています。

やるべきことは「省エネ」ではなく「卒エネ」

とでも呼ぶべき困難なものです。エネルギー当たりの生産性を大幅に高めておくのは当然ですが、提供する製品・サービスの見直し、ビジネスの形態ものものすら見直さなければならないケースも数多く出てくるでしょう。それは、事業の計画的クローズすらあり得る険しい道程になると予想されます。

＜エネルギーの確保＞

太陽光	どこにでも存在	日中だけ、晴天時だけ
風力	どこにでも存在	風まかせ
地熱	地理的に偏在	途切れることがなく、安定
水力	地理的に偏在	ダムがある場合、蓄積性があり出力調整可
バイオマス	どこにでも存在	手間がかかる、蓄積性があり出力調整可

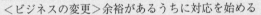

＜ビジネスの変更＞余裕があるうちに対応を始める

	資源節約型の産業	資源浪費型の産業
エッセンシャル・プロダクト	生き残る	競争激化
非エッセンシャル・プロダクト	選別が起こる	存続困難

＜立地の見直し＞
✓再エネの確保
✓従業員を守る（気象災害、海面上昇、津波、食糧確保）
✓地域人口の変化（お客様）
✓ロジの変化（職住接近、地産地消、運河や帆船・牛馬の復活も！）
＜生産設備の見直し＞
✓省エネ性能、堅牢さ、保守の容易さ、部品の入手が容易
✓技術的進歩性と技術的安定性のバランス
✓過度の自動化にも注意

▶▶未来への希望、日本には強味もある！

　厳しい未来ですが、日本には希望もあります。今まで日本は資源小国だと言われてきましたが、それは化石燃料だけのこと。脱炭素社会においては、日本は世界でもまれな豊かな国土です。こんな国土は世界中で日本だけ（！）　未来への希望を失わず、日本の強味を活かしたビジネスを見つけてください。

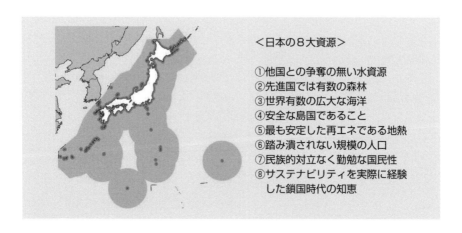

＜日本の8大資源＞

①他国との争奪の無い水資源
②先進国では有数の森林
③世界有数の広大な海洋
④安全な島国であること
⑤最も安定した再エネである地熱
⑥踏み潰されない規模の人口
⑦民族的対立なく勤勉な国民性
⑧サステナビリティを実際に経験
　した鎖国時代の知恵

▶▶少子化が終わる日

　江戸時代の人口の推移を見ると興味深い事実が浮かび上がってきます。前半の100年間は人口が3倍に増加していますが、享保改革の頃から後の150年間は人口がほとんど増えていないのです。このことから前半は成長社会、後半は一転してゼロ成長に近い社会だったと推定されます。この頃、鎖国していた日本列島の生産力と人口は上限に達していました。当時は経済学や科学技術が未発達で行き当たりばったりの経済運営だったため、何度も大飢饉が起きています。それでも当時の識字率は高く、高度な文化を楽しむ社会だったと言われています。

　幕末の1853年、東京湾にペリーがやってきました。いわゆる黒船来航です。この黒船来航こそが日本人と化石燃料との出会いでした。人々は化石燃料（石炭）で動き回る船に驚き、恐怖し、化石燃料という魔法に憧れたのです。その憧れが江戸時代を終焉させ、明治維新への原動力となりました。しかし化石燃料は無限ではありませんでした。化石燃料が枯渇しようとしている今、私達は現代社会の長所と鎖国時代の社会の長所を併せ持った新しい社会を大急ぎで設計しなければなりません。

　今日の私たちが謳歌する自由平等とは、挑戦する機会の自由平等であり、経済成長を前提としたものでした。しかし資源に限りがある以上、消費拡大だけ

に頼った経済成長を持続することは不可能です。ですから今後は資源当たりの生産性向上を軸とした緩やかな経済成長に移行しなければなりません。使用可能な量に制約があり蓄積が困難という再エネの性質が、度を超えた富の蓄積を無意味化します。結果としてやってくる脱炭素社会は、モノを大切にし、助け合い、貧富の差の少ない社会になる可能性があります。そしてその社会に最も近い場所に位置するのが、日本列島なのかもしれません。

新しいビジネスで、希望ある社会を作りましょう！

未来への不安が解消されれば人口は必ず回復に向かいます。それが見せかけだけうわべだけのサステナビリティではなく、私たちが目指すべき本当のサステナビリティの姿です。

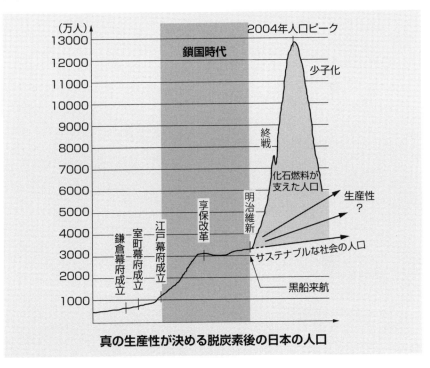

真の生産性が決める脱炭素後の日本の人口

21世紀を生き抜く会社作りのヒント

今まで 無限の物的成長と資源の有限性の狭間で、希望を失っていました
今後は 日本列島が生き残るために必要な新ビジネスが、必ずあります！

周回遅れだった日本、これで世界をリードできる！

　私は地球を愛する気象予報士ですが、「持続可能性」と訳される時のサステナビリティが嫌いです。なぜなら、そこには「生きるか死ぬか」という危機感が全く感じられないからです。目指す理由は何であろうと（地球環境を守るためだろうと、資源枯渇に備えるためだろうと）、全ての化石燃料（石油・石炭・ガス・ウラン）とプラスチックに頼らない経済社会への移行がどれほど困難なことであるかを考えてみて下さい。政府の補助金もアメリカの支援もあてにはできません。それぞれの個人、それぞれの会社が、1つひとつのリスクにしっかり向き合い、解決していく他に生き残る道はないのです。

　でも覚悟を決め、リスクにしっかり向き合うことができたなら、案外と恐怖は薄れ、知恵と勇気が湧いてくるものです。今さら「サステナビリティ」なんていう言葉を輸入しなくても、元々私たちはサステナブルに暮らしていました。そんな私たち1人ひとりの行動、1つひとつの会社の決定が、やがては日本全体の流れを変え、世界全体の流れすら変えていくことでしょう。困難な意思決定は「戦う会計」が支えてくれます。それはファンタジーではありません。決して不可能な目標ではないと私は思うのです。

**会計が変われば
日本は変わる！**

ガリレオ・ガリレイ

会計の停滞が、日本の停滞の原因でした

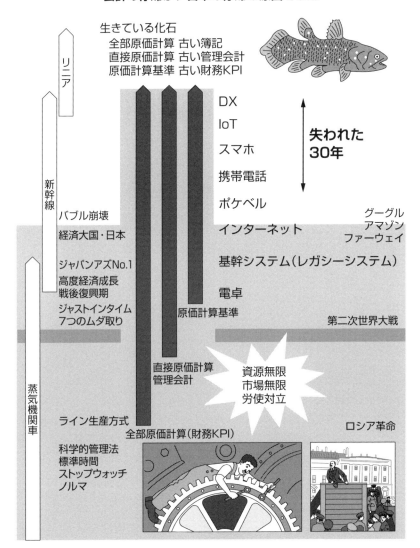

生きている化石
全部原価計算　古い簿記
直接原価計算　古い管理会計
原価計算基準　古い財務KPI

リニア

DX
IoT
スマホ
携帯電話
ポケベル

失われた
30年

新幹線

バブル崩壊

経済大国・日本

ジャパンアズNo.1
高度経済成長
戦後復興期

ジャストインタイム
7つのムダ取り

インターネット

グーグル
アマゾン
ファーウェイ

基幹システム（レガシーシステム）

電卓

原価計算基準

第二次世界大戦

蒸気機関車

直接原価計算
管理会計

資源無限
市場無限
労使対立

ライン生産方式

全部原価計算（財務KPI）

ロシア革命

科学的管理法
標準時間
ストップウォッチ
ノルマ

今、「戦う会計」が必要です

おわりに

・日本を救うたった 1 つの処方箋

　新型感染症、国際社会の緊張や戦争、物価高騰や円安、資源の入手難、日本の存在感の低下や買い負け、激増する気象災害や異常気象……。

　厳しさが増す一方の毎日。それなのに希望の光は見えません。

　今の日本には稼ぐ力がなく、構造的な円安で危機は加速。生産性は先進国最下位になり、今も順位を落とし続けている。脱炭素やサステナビリティも、言葉で言われるばかりで実現フェーズには程遠い……。

実はこれらの原因は同一でした。それは「会計」の力不足です。

　有効な会計を欠いた日本には、勘と気合の竹槍経営が溢れ、何事にも本気で取り組めない国、見せかけだけの頑張りの国となり果てていたのです。

　でもこれからやってくる時代の厳しさを考えてみて下さい。石油・石炭・ガス・ウランがない時代、プラスチックが使えない時代、食糧が必要なだけ輸入できない時代、が確実にやってきます。サステナブルな経営や脱炭素は、決して「地球のため」のものではない。それは私たちが 21 世紀を生き残るため、全力でやるべきことなのです。

　私たちが本気になれば、必ず道は拓けます。なぜなら日本は、世界でも稀な豊かな列島、恵まれた国土だからです。そして私たちには、もっともっとできることがある！　ただし、私たちが本当に本気になって日本の潜在力を開放するには、進むべき道を指し示す羅針盤がなければなりません。

　今、私たちに必要なのは正しい経営ツール「戦う会計」です！　それは事実を正しく迅速に把握するためのものであり、いわゆる開示の財務会計とは全く別のもの。本当の会計は現場で生まれるのです。さあ、100 年間も古い知識を積極的に見直そうとはしなかった古い専門家の方々から、会計を取り戻しましょう！

　それが会社や経済を再生、脱炭素を達成し、社会の希望を回復する道、日本を救うたった 1 つの処方箋だと私は信じています。

2023 年 4 月 1 日　吉川武文

◆吉川武文 （時代と戦う会計士）

東京工業大学・修士卒。公認会計士／エネルギー管理士／気象予報士など。

元々は大手製造業（日本や北欧外資）で、技術系管理職としてイノベーションに取り組んでいた。しかし全員が頑張っているのにコストダウンが成功しない、勤勉なのに生産性も向上しないという状況に行き詰まり、その原因を研究する過程で会計士になったという希な経歴を持つ。監査法人時代には、財務監査や基幹システムの監査、中国大陸でのCO_2排出権審査、東京都のCO_2排出削減制度、工場やインテリジェントビルの省エネ、サステナビリティ情報開示などに従事。その後、工場経営者として生産現場に復帰するも、従来の企業会計にはコストと戦う力がなかったという現実を知り、「戦う会計」の会計士となる。

技術者としてのバックグラウンドを踏まえた会計士であることから、国内での取り組みが大幅に遅れていた原価計算・原価管理・工業簿記・生産性指標の再構築・管理会計の刷新などのテーマに特に強みがある。また、多くの事業活動において乖離しがちだった「実務と会計」「理論と実践」「経済とサステナビリティ」の両面に精通し、その連携と統合による経営革新という独自の視点を有する。直近では、技術と会計を融合した新しい生産性モニタリングシステム（実践的 IoT）の展開により日本工場の生産性を世界一にした。

近年、世界経済の潮流が大きく変り、厳しさを増す一方の経営環境下において真に経営の力となる「戦う会計」（新しい管理会計）を軸とした著作物（14冊）や講演実績があり好評。公認会計士協会では公認会計士を対象にした原価計算研修の講師や公認会計士研修の研修委員を担当。国内製造業のサステナビリティ（生き残り）を目指して活動を続けている。

まず、会計を変えよう！
連絡先　t.yoshikawa@ms01.jicpa.or.jp

225

本気の製造業！
価格高騰と戦い生産性を高める「管理会計」
―持続可能な経営を支えるヒント 50

NDC 336.84

2023 年 6 月 26 日　初版 1 刷発行

(定価はカバーに
表示してあります)

　　　　　ⓒ　著　者　　吉川　武文
　　　　　　　発行者　　井水　治博
　　　　　　　発行所　　日刊工業新聞社
　　　　　　　　　　　　〒 103-8548
　　　　　　　　　　　　東京都中央区日本橋小網町 14-1
　　　　　　　電　話　　書 籍 編 集 部　03（5644）7490
　　　　　　　　　　　　販売・管理部　03（5644）7410
　　　　　　　FAX　　03（5644）7400
　　　　　　　振替口座　00190-2-186076
　　　　　　　URL　　https://pub.nikkan.co.jp/
　　　　　　　e-mail　　info@media.nikkan.co.jp
　　　　　　　印刷・製本　　美研プリンティング㈱